古董普洱茶

골동 보이차

저자 _ 김경우

1999년 보이차와 차도구 전문점 '명가원'을 시작한 뒤,
20년 넘게 중국, 대만, 홍콩을 넘나들며 중국차와 골동보이차
에 몰두해 왔다. 부단한 연구와 보이차 감별을 무수히
경험하며 자신만의 노하우를 쌓아 국내외에서
인정받는 골동보이차 전문가이다.
2004년부터 중국의 국가 대사 자사호 작가들을
초청해 전시회를 열어 한·중 차 문화 교류에 기여하며,
2018년부터는 국내 최초로 골동보이차 특별전,
골동보이차 설명회, 보이차 품감회 등을 개최하며 골동보이차
문화를 선도하고 있다. 또 홍콩, 대만의 골동보이차 마니아들
과 밀접하게 교류하며 현지에서 주기적으로 보이차 품감회를
진행한다. 주요 저서로『중국차의 이해』,
『중국차의 세계』,『골동보이차의 이해』등이 있다.

*일러두기

1. 중국 지명 및 인명 등은 한자식 표기를 우선 사용했다.

(예) 멍하이(勐海) → 맹해

(예) 푸얼차(普洱茶) → 보이차

2. 관용적으로 굳어진 지명은 중국식 표기를 따랐다.

(예) 홍콩, 광저우

3. 원전을 인용한 경우에는 되도록 원문을 함께 실었다.

(예) 선비와 서민들이 마시는 것은 모두 보차다. 쪄서 덩어리로 만든다.

士庶所用, 皆普茶也. 蒸而團之

:

품감品鑒 창저倉儲 소장收藏
그 위대한 족적을 위한 헌사獻辭

차는 신령스럽다. 삿됨이 없고 맑은 기운을 지녔다.

차를 통해 나를 수양하고 항상 나를 가꾼다면 좋은 차연茶緣이 생긴다.

골동보이차 품감회가 바로 차연을 만드는 차 문화의 새로운 장이었다. 2018
년 8월, '골동보이차 전시와 복원창 품감회'를 이루향서원과

공동으로 개최했다. 그 이후 동경호 차회, 홍인 차회 등 전 세계에서 유래
를 찾아볼 수 없는 골동보이차 품감회를 계속 열며, 특히 골동보이차에

관심을 가진 중국 마니아들의 관심을 받았다. 2019년 7월,
포시즌스 호텔 서울에서 주최한 '국내 최초 골동보이차 설명회'를

계기로 전국 순회 골동보이차 품감회를 했다. 그 결과 '품감회'란 새로운
차회의 명칭과 형식이 생겼다. 한국뿐만 아니라 중국에서도 품감회란 명
칭을 쓰는 차회가 유행일 정도다. 이것이 바로 문화의 힘이다.

그 차연으로 중국에서 『골동보이차』를 출간하며 품감회를 병행하기로
했다. 이른 봄의 계획이었다. 그러나 2020년은 예측 불허의 반전이었다.

2020년 상반기는 온 인류에게 악몽의 시간이었다. 코로나19로 인해 생生과 사死의 혼돈속에서 모두가 긴장의 나날을 보냈다. 일시 정지된 듯한 삶은 역설적으로 인류에게 '과연 우리는 제대로 길을 가고 있는가'에 대한 깊은 성찰을 요구했다. 덕분에 오랜만에 깊은 사색의 시간을 가질 수 있었다. 전 세계가 '셧다운'되자, 중국에서 출판하기로 했던 이 책의 출간이 기약 없이 미루어졌다. 그 동안 한국 골동보이차 마니아들 사이에서 중국에서만 출판할 것이 아니라 한국에서도 출판을 해야 한다는 주변의 요청이 끊이지 않았다. 깊은 고민 끝에 한국판 『골동보이차』를 출간하기로 했다. 중국과 한국 차인들의 요청이 이 책을 세상으로 불러 낸 것이다.

이 책은 기출간되었던 『골동보이차의 이해』에서 아쉽고 부족했던 내용들을 보강하려 시작되었다. 홍콩, 대만에서 보이차를 수입한 뒤 국내에서 판매하고 다시 홍콩, 대만으로 역수출하는 경험을 바탕으로 골동보이차의 가치와 감별을 알려주는 내용은 이 책 외에 국내외에서 찾아볼 수 없기 때문이다.

이를 기반으로 보이차에 대한 역사적 자료와 골동보이차의
문화적 가치를 보완하다 보니, 종국에는 새로운 책이 되었다.
골동보이차는 보고 만져 볼 수 있는 사람이 지극히 한정되어
있다. 정보 부족으로 인해 왜곡된 사실이 유통 과정에서
통용되었고, 가치와 가격에 대해 의심을 받기도 했다.
이 책은 그런 의문점을 충분히 해소하며 골동보이차에 대한
하나의 기준이 될 것이다. 골동보이차의 생산 연도, 제작방법,
저장, 품질과 가치 그리고 그 맛과 향의 진화와
오묘함들을 자세히 담아 냈다.

이 책을 통해 골동보이차의 정의가 어디에 있는지를
많은 사람들에게 알리고자 한다. 한 발짝 더 나아가 보이차
마니아들의 혼돈을 줄이고 향후 보이차의 소장과 투자에 도움이
되었으면 하는 바람이다. 이 책이 나오기까지 많은 분들의
아낌없는 도움이 있었다. 한국어를 중국어로 번역해 중국판
출간 준비를 하고, 중국에서 완성된 원고를 다시 한국어
문장으로 옮기며 동시 번역했고, 중국에 흩어져 있는 수많은 자료
수집에 힘을 기울인 이루향서원 정진난 원장에게 모든 공을 돌린다.

중국 출판을 담당한 사천성의 상이 원장, 홍콩 사끵경매의 주자
대표와 녹백 최윤석 대표의 아낌없는 도움에 감사드리며
서른 살의 철없는 차인이 지금 이 자리에 오기까지 지켜준
한국의 차 마니아들, 한국, 중국, 홍콩, 대만 차계의 여러
차상들과 선배들에게 감사의 마음을 전한다. 마지막으로 이 책이 골동
보이차를 알고 싶은 모든 분들에게 교과서 같은 역할을 하기 바란다.
늘 그렇지만 우리에게 차는 신령스럽다.

경자년 봄 혜산 초당에서

목차

01. 보이차와 골동보이차

02. 호급 보이차

03. 인급 보이차

04. 숫자급 보이차

05. 골동보이차의 입문   ▼

호급 보이차나 인급 보이차 같은 오래된 골동보이차가 사람들의 관심과 사랑을 받기 시작한 것은 2000년 전후부터다. 골동보이차는 1990년 전후 홍콩의 창고에서 나오기 시작하여 독특한 맛과 약리적 효능이 입소문을 타면서 보급되기 시작하였으며 초기 유통 시기에는 한정적으로, 극히 소수의 마니아층에게만 사랑받은 차였다.

골동보이차의 특성상 극히 한정된 수량이 유통되다 보니 가격은 짧은 시간에 가파르게 상승하고 2000년 초기부터는 일반 소비자들이 구입해서 마신다는 것은 사실상 어려운 일이 되었다.

골동보이차 가격이 급 상승하기 이전에 차 학계에서는 골동보이차에 대한 관심조차 가지지 않았다. 2000년 이후 의료기관과 여러 연구소에서 다양한 연구를 통해 효능에 대한 설명은 있었지만, 실험 주제가 될수 있는 중국에는 골동보이차가 없었고 이미 폭등한 가격때문에 연구를 통해 실험하고 분석한다는 것은 불가능해졌다.

보고 만져볼수 있는 골동보이차가 극히 한정되었고 자료로만 보고 판단하다 보니 전체를 바라보는 시각과 사고의 폭을 넓히지 못하였다. 이것은 소비자나 보이차 전문가에게도 마찬가지의 문제점이었다. 그러다 보니 항상 의심과 정보 부족으로 인해 생긴 왜곡된 사실이 유통과정에서 그대로 통용되었다.

근래에 들어서서 과거 한국으로 수입되었던 골동보이차가 다시 홍콩, 대만 중국으로 역수출되고 있다. 그 역사적인 현장에 필자는 늘 함께했었다. 역수출 과정을 통해 미처 몰랐던 사실을 알게 되면서 많은 의문이 풀렸고 안목 또한 넓힐수 있었다.

골동보이차는 수많은 비밀을 간직한 차이며 베일속에 묻혀 양파 껍질같이 한꺼풀 벗겨내도 또 비밀이 있고 의문이 존재하는 차이다. 제다법에 관한 자료, 동일한 차이지만 보관에 따른 품질의 차이 등의 어느 한가지 명확한 자료가 존재하지 않은 탓이다. 이렇듯 골동보이차에 대한 의문을 조금이라도 해소하기 위해 보이차가 생산된 후 유통과정을 통해 골동보이차가 발견되었던 홍콩으로 되돌아가서 직접 확인하고 현장에서의 이야기들을 들어보아야 한다.

20여년간 보이차를 접하면서부터 듣고 마시고 손에 스쳐지난 세월의 축적과 골동보이차의 근원을 추적하고 연구하여 정리한 자료들을 보이차를 마시고 소장하며 투자하는 또 깊은 관심을 가지는 독자들과 풀어보려고 한다.

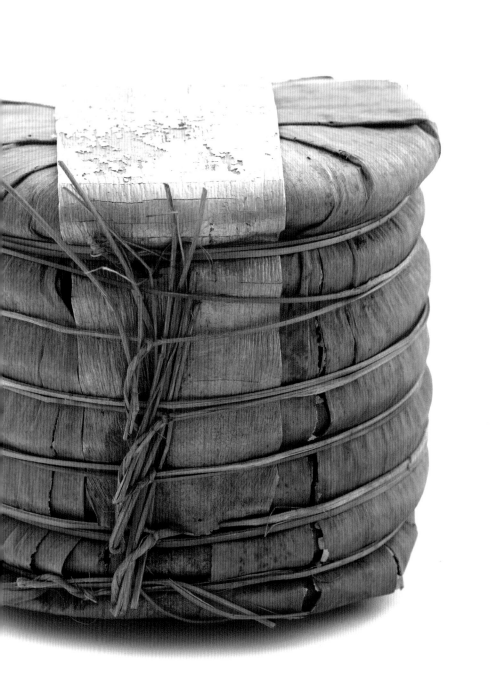

골동보이차
보이차와
보이차

?

보이차란 무엇인가?

보이차는 대표적인 중국차로 손꼽히며 현대인들에게 점점 더 많은 관심을 불러 모으고 있다. 넓고 다양한 중국차의 세계에서 차 마니아들의 가장 큰 주목을 받고 있는 차이기도 하다. 보이차에 대한 여러 논의가 있지만, 중국에서 국가적으로 정리한 GB/T22111-2008[1)]《지리표지산품 보이차(地理标志产品 普洱茶)》에 따른 정의가 가장 기준이 될 만하다. 보이차는 중국 운남성에서 생산된 대엽종의 찻잎으로 만든 쇄청모차曬靑毛茶[2)]를 원료로 한다. 특별한 제다법으로 독특한 품질을 지니며, 산차散茶나 긴압차緊壓茶[3)] 형태이며 생차生茶와 숙차熟茶[4)] 두 종류가 있다.

보이차는 본래 쇄청 녹차 기술로 만들며, 1970년대 이전에는 악퇴 공법의 숙차가 존재하지 않았다. 중국 광동 지역, 홍콩의 소비자들이 발효시킨 보이차[5)]를 요청하면서 차창茶廠에서 연구 개발해 생산한 것이다. 중화민국 시기(1911-1949) 이전에도 발수발효潑水酸酵[6)] 시도가 있었지만, 지금의 숙차 제다법과는 관련이 없다. 보이차 산지와 차장 환경이 자연적으로 일정한 수분과 온도 하에 보이차가 약간의 발효를 진행되었을 뿐이다.

▼

1) GB/T22111-2008는 중국 정부에서 지역
특산품이나 지리 조건 등을 정리한 문서 번호로,
2008은 문서를 발행 연도를 뜻한다.
我们常见的普洱茶的定义是根据2008年6月17日, 中国国家出台的
普洱茶国家标准GB/T22111-2008《地理标志产品 普洱茶》, 其中明确
定义, 普洱茶是以地理标志保护范围内的云南大叶种晒青茶为原料, 并
且在地理标志保护范围内采用特定的加工工艺制成, 具有独特品
质特征的茶叶, 分为普洱生茶和普洱熟茶两大类型.

2) 쇄청모차는 찻잎을 솥에서 덖어 숨을 죽이며(살청殺靑),
손을 비벼 주고(유념柔捻), 햇볕에서 말려서(일광건조日光乾燥)
만든 모차이다. 쇄청은 찻잎을 유념 후 햇볕에 말리는 것,
모차는 1차 가공을 끝낸 차이다. 쇄청모차는 보이차의
원료로, 차의 분류상 보이차보다는 녹차에 속한다.

3) 산차는 모차처럼 흐트러진 그대로 완성된 차이며,
긴압차는 단단히 눌러 덩어리 형태로 만든 것으로 둥근
떡 모양(병차餅茶), 벽돌 모양(전차磚茶) 등 다양하다.

4) 생차는 전통적인 방법에 따라 발효시키지 않고
완성하며, 숙차는 미리 발효시켜 완성한다.

5) 쇄청후 긴압한 보이차 생차가 아니라,
상품 출고 전에 미리 발효시킨 차를 말한다.

6) 숙차라는 명칭이 생기기 전에 쓰던 용어다.
악퇴발효 공법이 완성하기 전, 보이차 모차에 물을
뿌린 뒤 발효를 약하게 시키는 방법이다.

보이차는 중국 6대다류 중 흑차에 속하며 또는 후발효차라고도 한다. 그러나 현 시대의 보이차는 이러한 정의로는 부족하다.

정의로의 보이차 이외에 특별한 종류의 보이차가 있다. 산차 혹은 긴압차의 형태로 20년이상 적절한 저장하에 발효를 거친 보이차를 진년보이차[7] 혹은 노차라고 한다. 20년이상 노차보다 더 오랜 세월의 진화를 거친 차를 골동보이차라고 한다.

골동보이차의 후발효는 인위적인 기술의 간여를 받지 않고 다양한 저장환경에 따라 자연 진화를 일으켜 그 변화를 추측할 수도 통제할 수도 없는 것이 특징이며 매력이라고 할 수 있다.

▲

7) 진년 보이차는 진년차라고도 하며, 보관된 지 20년 이상 지나 발효된 맛과 향으로 변화한 차이다. 홍콩 창고를 기준으로 20년쯤 발효되어야 묵은 향과 맛이 나기 때문에 이런 기준이 만들어졌다. 또 지금으로부터 20년 전 1990년대 말은 국영차창이 민영화되며 제다법과 보관 상태가 변한 시기이기도 하다.

골동보이차란 무엇인가?

골동보이차는 1900년 초에서 1970년 중반까지 공인된 차창에서 만들어진, 풍부한 맛을 지닌 모차로 긴압한 차가, 적절한 저장환경에서 자연적인 후발효를 거쳐 탄생된 보이차를 말한다.

골동보이차는 운남에서 생산되고 1990년 전후에 홍콩의 창고에서 재발견한 차역사의 새로운 산물이다. 골동보이차는 1970년 중반까지로 정의하였지만 골동보이차 시장의 수요에 따라 이 책에서는 90년 이전까지 생산된 보이차를 정리하여 설명하고자 한다.

골동보이차는 '골동'의 사전적 의미대로 오래되었거나 희귀한 보이차를 뜻한다. 그렇다면 얼마나 오래된 것일까? 1900년대 보이차가 존재한다고 하지만, 생산 연대가 검증된 것은 1910년대부터이며, 1970년대 중반 이전까지는 골동보이차라고 보는데 논란의 여지가 없다. 또 골동보이차는 운남의 공인된 차장에서 품질 좋은 모차를 긴압해 만든 것으로, 적절한 저장 환경을 제공한 홍콩에서 자연적인 후발효를 거친 것이다. 운남에서 생산되어 1990년 전후 홍콩의 창고에서 발견되며, 보이차의 역사를 새로 쓰고 있다.

골동보이차는 호급, 인급, 숫자급으로 분류한다.

호급차號級茶는 1960년 이전에 개인 상호들에서 생산된 60년~100년 이상 된 보이차를 말한다. 복원창福元昌, 송빙호宋聘號, 동흥호同興號, 동경호同慶號, 진운호陳雲號, 경창호敬昌號, 동창호同昌號, 강성호江城號 등 수많은 차들이 있지만, 세상에 남아 있는 것은 극히 드물다. 문화적, 예술적 가치를 겸비한 보이차라고 할 수 있다.

인급차印級茶는 중화인민공화국 수립(1949) 이후 1951년에 중국차업공사운남성공사中國茶業公司雲南省公司가 설립되면서 1950년대~1970년대 초기까지 생산한 보이차를 말한다. 전통의 수작업을 기계식으로 대체해 대량 생산한 상품으로, 포장지에 '중차패원차中茶牌圓茶'와 '중국차업공사운남성공사' 그리고 중간에 '팔중八中' 도안에 '차茶'자가 있는 상표가 인쇄되어 있다.

대표적인 차로는 홍인紅印, 홍인철병紅印鐵餠, 남인藍印, 남인철병藍印鐵餠, 황인黃印, 곤명철병昆明鐵餠, 광운공병廣雲貢餠 등이 있다.

숫자급 보이차는 1972년 중국토산축산진출구공사운남성차엽분공사中國土産畜産進出口公司雲南省茶葉分公司를 설립하고 운남성이 자체 차 수출권을 획득하여 생산한 보이차를 말한다. 그 후부터 상품에 번호嘜號를 붙이기 시작했으며 중국에서는 '맥호차嘜號茶'라고 부르며 포장지에 '운남칠자병차雲南七子餠茶'[8]라고 인쇄되어 있다. 대표적인 숫자급 보이차로 7542, 7532, 7572, 8582, 8592 등이 있다.

골동보이차를 연구할 때 핵심은 품질의 특성과 유통과정이다. 생산 지역에서 어떻게 유통되고 소비되었는지, 골동보이차를 새로 태어나게 한 홍콩에서는 어떻게 유통되고 소비되었는지 살펴보는 게 중요하다. 보이차는 중국 전역에서 소비되며, 티베트, 베트남, 라오스, 미얀마, 태국 등 아시아 뿐만 아니라 서양의 여러 나라에 수출되어 소비되고 있다. 하지만 유독 홍콩에서만 골동보이차가 출현했으며 현재 유통되는 대부분의 골동보이차 또한 홍콩의 산물이다. 골동보이차를 이해하려면 반드시 골동보이차의 근원지인 홍콩을 주목해야 한다.

8) 일곱 편씩 포장해 한 통으로 만드는 차.
둥근 떡 모양이라서 떡 병(餠) 자를 쓴다.

보이차의 역사

중국의 운남 지역은 차의 발원지이며 보이차의 생산지이다. 운남 사람들은 주로 신선한 보이차를 마신다. 청대의 보이차 음다 방식도 마찬가지였다. 주로 신선한 햇 보이차를 마셨으며 부드러운 어린 찻잎으로 만든 차를 고급으로 간주했다.

운남의 차 역사는 유구하다. 차의 이용은 동한(東漢, 25~220) 시기부터라고 하나, 차나무에서 생산했다는 기록이 있을 뿐 형태와 제다법이 지금의 보이차와는 완전히 다르다. 당(唐, 618년~907), 송(宋, 960~1279) 시기에는 차마고도를 통해 티베트로 차가 수출되었다는 기록이 있는데, 이 또한 위와 같은 이유로 지금의 보이차로 보기에는 무리가 있다.

현재와 유사한 보이차 제다법이 문헌에 처음으로 등장한 것은 명明 만력萬歷 연간 의학자 사조제(謝肇淛, 1567-1624)의 『전략滇略』이다.

선비와 서민들이 마시는 것은 모두 보차다. 쪄서 덩어리로 만든다.
士庶所用, 皆普茶也. 蒸而圑之

여기서 언급된 보차는 지금의 보이차와 유사한 긴압차 형태이다.

▶ 　　　9) 황실에 진상하기 위해 특별히 잘 만든 좋은 차.

사조제는 보차에 대해 평가도 남겼는데, 보이차 제다와 소비문화가 형성되기 전이라고 볼 수 있다.

운남은 차가 없는 것이 아니다. 토착민들이 찻잎을 따고 만드는 방법을 모르고, 차를 만들더라도 끓이는 절차를 모를 뿐이다. (중략) 선비와 서민들이 마시는 것은 모두 보차다. 쪄서 덩어리로 만들며, 끓이면 물을 마시는 것 보다 풋내만 더할 뿐이다.
滇苦無茗, 非其地不産也, 土人不得采取製造之方, 卽成而不知烹淪之節, 猶無茗也 …… 士庶所用皆普茶也, 蒸而成團, 淪作草氣差勝飮水耳.

보이차 융성기는 청(淸, 1616~1912)이 들어서며 시작된다. 옹정(雍正, 1723-1735) 때부터 광서(光緖, 1875~1908) 때까지 200여 년간 보이차는 황실공차皇室貢茶로 신분이 상승했다. 옹정 7년(1729)에는 이무易武 차산을 공차貢茶[9] 전문 채집 지역으로 삼는다. 『보이부지普洱府志』에 따르면 건륭乾隆 9년(1744) 궁정에서 보이차를 정식으로 《공차안책貢茶案册》에 등록했고, 보이부普洱府에서 매년 전용 자금으로 사모정思茅廳에서 고고 6대 차산에 걸쳐 공차를 채집했다. 기록에 따르면, '입산해서 차를 따는 사람이 10여 만인(入山做茶者十餘萬人)'일 정도였다.
청나라 왕조는 개인에게 차를 사고 팔 수 있는 차인茶引을 발행해 보이차 매매 규정을 정했다. 그러나 매매되는 찻잎 형태가 각기 달라 징세 기준을 세우지 못해 어려움이 컸다.

이 상황을 개선하기 위해 1735년에 운남차법雲南茶法이 시행된다. 지금과 동일하게, 보이차 일곱 편을 한 통에 넣고 죽피竹皮로 감싸는 포장 형태를 표준으로 삼은 것이다. 이로써 운송이 편리해지고 징세에 기준이 생겼으며 무역이 활발해져 차 생산량과 소비 역시 증가했다.

보이차는 청나라와 중화민국 시기에 가장 눈에 띄게 발전한다. 보이차가 공품으로 선발되며 청 옹정년부터 왕족과 귀족들이 선호하는 차가 되었기 때문이다. 건륭제는 특별히 보이차를 좋아해 '유독 보이차가 힘차고 기운이 있으나, 청나라의 기준이 부족하여 작설을 칭찬한다. 獨有普洱號剛堅, 清標未足誇雀舌'는 시구까지 남겼다. 또 대신과 외국 사신들에게 보이차를 하사했다. 황제의 보이차 애호는 보이차의 생산과 소비를 크게 발전시키며 중국뿐 아니라 베트남, 미얀마, 태국, 조선 그리고 멀리 영국에까지 그 명성을 떨치게 했다. 조선 후기 실학자 이규경(李圭景, 1788~1856)은 『오주연문장전산고五洲衍文長箋散稿』에서 청대 유명한 차들에 대한 언급이 있다.

▼

10) 송재소, 유홍준, 정해렴 외 옮김, 『한국의 차 문화 천년2』(돌베개, 2009)
11) 송재소, 유홍준, 정해렴 외 옮김, 『한국이 차 문화 천년1』(돌베개, 2009)

연도(현 북경)의 다품 가운데 성행하는 것으로는
보이차가 제일이고, 백호차가 둘째이고, 청차가 셋째이고,
황차가 넷째이다.
今燕都(指北京)茶品之藉藉盛行者
普洱茶爲第一, 白毫茶爲第二, 靑茶爲第三, 黃茶爲第四

조선 후기 문신 김경선(金景善, 1788~1853)도 『연원직지燕轅直指』
권6 「유관별록留館別錄」에서 경성(현 북경)에서 보이차가 얼마나 유
명한지 「음식飮食」편[10]에 남겼다. 요동으로 가는 중 길가 찻집에서 동
전 한 닢을 내고 차를 사 마셨는데 그 맛이 꽤 괜찮았다.

가장 진귀한 것으로는 보이차이지만 가짜도 많다.
절강에서 나는 국차는 맑은 향기가 매우 마시기 좋았다.
而普洱最珍貴 然而變多假品 浙江菊茶 淸香甚可口

청대부터 보이차가 유명해지면서 가짜 보이차가 시중에 많이 유통된
것으로 보이는데, 여기서 언급된 가짜 보이차는 운남이 아닌 다른 지역
찻잎으로 만든 차라는 뜻이다.
보이차는 청 황실에서 귀한 선물로 여겨져 외국에도 전해졌다. 조선 후
기 왕족 홍현주(洪顯周, 1793~1865)도 선물 받고 시 「섣달 눈 녹인
물로 차를 끓이다臘雪水烹茶」[11]를 남겼다.

묵은 상자 뒤져서 흰 갑 봉함 집어들자 보이차고가 둥근달피 같다
봉함 열자 완연히 천리 면목 본 듯 하니
연남 사는 옛 벗은 그 정이 깊고 말고

拈取舊篋白絹封 普洱茶膏月團搨 開緘宛見千里面 燕南故人情周匝

청 후기 서태후(西太后, 1835-1908) 역시 보이차를 좋아했는데 8년 간 시중든 궁녀가 쓴『궁녀담왕록宮女談往錄』에 그 기록이 있다.

서태후가 매 식사 후 방에 들어와 자리에 앉으면,
차를 올리는 시녀가 먼저 보이차 한 잔을 올렸다.
慈禧每頓飯畢, 進屋坐在條山炕東邊, 敬茶的都要先敬上一杯普洱茶.

역대 문헌에 다양하게 기재된 것을 보면 당시 보이차는 지금 못지않게 인기가 있었다. 하지만 황실에 진상된 보이차는 발효를 거친 진년차가 아닌, 여린 잎으로 만들어 맛이 맑고 향기가 좋은 차였다. 당시에는 보이차가 발효될수록 품질이 좋아진다는 것을 알지 못했다.
청나라 완복阮福은『보이차기普洱茶記』에서 채엽采葉[12] 시기를 설명해 두었다.

2월 중에 극히 가늘고 흰 순을 따서 만든 차를 모첨毛尖이라 하며, 공납차를 만들어 비로소 민간에 판매한다. 찻잎을 따서 찌고, 비벼서 둥근 병차를 만든다. 그 잎이 조금만 퍼졌어도 오히려 아차라고 한다.
3~4월 사이에 딴 것을 소만차小滿茶, 6~7월 사이에 딴 것을 곡화차

▲

12) 채엽은 찻잎을 따는 과정을 말한다.
13) 차를 생산한 차장이나 차의 특징을 간단히 적어 놓은 종이로, 보통은 보이차 한통의 맨 위 편과 두번째 편 사이에 있다.

穀花茶라고 한다. 만드는 방법에 따라서는 크고 둥근 것을 긴단차緊團茶, 작고 둥근 것을 여아차女兒茶라고 한다. 여아차는 곡우 전에 따서 4량 무게로 뭉친 것이다. 그것이 장사군의 손에 들어가면 겉에는 가늘고 보기 좋은 차를, 안에는 거친 차를 넣어 만든 것을 개조차改造茶, 유념할 때 누렇고 잘 마르지 않은 것을 골라 만든 것은 금옥천金玉天이다. 그 뭉치어 굳어져서 풀어지지 않는 것을 흘탑차疙瘩茶라고 한다. 맛이 아주 진한 것은 얻기 어렵다. 차를 심는 농가에는 호미를 준비해야 한다. 잡초가 생기면 차맛이 열악하여 팔기 힘들고 다른 물품과 같이 두면 냄새가 배어 마실수 없다.

于二月間采蕊极細而白, 謂之毛尖, 以作貢, 貢后方許民間販賣, 采而蒸之, 揉爲團餠; 其叶之少放而尤嫩者, 名芽茶; 采于三四月者, 名小満茶; 采于六七月者, 名谷花茶; 大而圓者, 名緊團茶; 小而圓者, 名女儿茶, 女儿茶爲婦女所采, 于雨前得之, 卽四両重團茶也; 其入商販之手, 而外細內粗者, 名改造茶; 將採时預擇其內而不捲者, 名金玉天; 其固結而不改者, 名疙瘩茶. 味极厚難得, 种茶之家, 芟鋤備至, 旁生雜草, 則味劣難售, 或與他物同器, 則染其氣不堪飲矣.

여아차와 긴단차는 지금의 병차 형태와 비슷하다. 개조차, 흘탑차, 금옥전 등은 원료에 따른 분류인데, 크기에 따라 원료와 발효도에 차이가 난다. 청말 이전에는 녹차처럼 한 계절의 원료만 써서 긴압차를 만들고 병배拼配를 하지 않았지만, 원가를 낮추고 보다 높은 이익을 내고자 한 차상들이 보이차 병배 방법을 바꿔 개조차를 만들었다.

백년 가까이 된 호급 보이차는 모두 병면에 차의 원료와 제다법을 적은 통표筒标[13]가 있다. 대개 이른 봄의 좋은 차라고 쓰여 있지만 실제로는 상품을 미화한 광고 문구에 지나지 않는다. 일부 학자들은 호급 보이차가 여린 잎으로 만들어졌다고 하는데 다소 억지스러운 주장이다. 골동보이차의 병면을 보면 여린 잎인지 노쇠한 잎인지 알 수 있으며, 내비의 문구가 실제 찻잎과 차이가 있다면 광고로 이해하고 넘어갈 일이다. 오히려 여기에서 흥미로운 것은 보이숙차가 등장 하기전 중화민국 시기에는 특정 발효법이 없었는데도 차상과 차농들이 발수발효를 시켰다는 점이다. 당시의 칠자원차七子圓茶[14]는 차탕이 붉은 색이다. 현대의 제다법과 비교하면 악퇴발효와는 그 목적이 전혀 다르다. 이유는 불분명하나 그 당시 칠자원차가 살짝 발효된 차임은 확실하다. 아마 운송 조건의 한계 때문에 발효가 될 수밖에 없었을 것이다. 당시 차장은 각 촌과 농가에서 채취한 찻잎을 이튿날에야 초제初制[15]를 했다. 모아서 일정한 양이 되어야 시장에 가져다 팔았기 때문에, 찻잎의 상태를 보다 온전하게 유지하고자 소량의 물을 뿌렸다.

보이차계의 태두泰斗라 불리는 이불일(李拂一, 1901-2010)은 잡지『교육과 과학教育與科學』(1937)에 그 당시의 보이차 제다를 묘사해 기고한 바 있다.

보이차 초제 후 산차를 직접 시장에 내다 팔기도 하고, 품질별로 대나무 바구니에 담아 두었다. 바구니에 담은 차에는 물기를 더해 찻잎이 부스러지는 것을 막았다. 그런 다음 바구니 바깥을 대나무 졸로 싸고, 그 안에 차즘 차를 추가하며 주먹이나 혹은 나무 방망이로 두드려 단단히 압축시켰다. 이를 '찬차'라고 한다. 그 뒤 분리해서 발효되든, 수분이 증발되어 긴조되도록 하든지 둔다. 불규칙한 발효로 인해 녹차 제다법으로 만든 보이차 찻잎이 암갈색 찻잎으로 변한다.

普洱茶經曬干初制后或零星担入市場售賣, 或分別品質裝入竹籃. 入籃須得湿以少許水分, 以防變脆. 竹籃四周, 範以大竹歲, 一人立幫外, 逐次加茶, 以拳或棒搗壓使其盡之緊密, 是爲<燦茶>. 然后分口堆放, 任其發酵, 任其蒸發自行干燥. 所以遵循綠茶方法制造之普洱茶叶, 其結果反變爲不規則發酵之暗褐色紅茶叶.

찻잎을 산지에서 차창까지 운송하기 위해 모차를 방전方磚16)으로 압축했다가 차창에서 증기를 쐬어 다시 모차의 형태로 복구시킨다. 이 방법은 1980년대까지 사용했으며, 곤명차창昆明茶廠, 하관차창下關茶廠에서도 원료를 같은 방법으로 운송되었다. 중화민국 때 서봉차호瑞豊茶號에서 발효된 보이차를 유통한 적이 있었다. 진패임陳佩任은 발수를 해서 유난히 차탕이 붉었던 서봉차호 차를 마셔 본 기억을 떠올려, 1973년 발효 보이차(숙차) 실험에 적용하게 되었다. 초기 보이차 발효에 대한 내용은 양개楊凱의『호급 골동차 사전-보이차 근원과 변화』17)에서 언급하였다. 골동보이차, 즉 오랫동안 발효된 보이차는 인위적으로 악퇴발효시킨 숙차나 쇄청한 생차와 다르다. 그 시대 생산 환경과 운송 과정을 이해하고 홍콩의 저장 환경을 깊이 있게 연구해야 골동보이차가 어떻게 탄생되었는지 알 수 있다.

◀

14) 원차라고도 불리며, 오늘날 칠자병차이다.
15) 보이차의 원료인 쇄청모차를 만드는 과정.
16) 이동의 편리성을 위해, 모차에 물을 뿌린 뒤 커다란 사각형 모양으로 만든 것이다. 방차(方茶)처럼 단단하게 압축한 것은 아니다.
17) 원제목『号级古董茶事典-普洱茶溯源与流变』에서 고동차(古董茶)는 골동보이차를 뜻한다.

홍콩의 보이차 문화

운남의 보이차가 홍콩 시장으로 흘러간 것은 중국 운남성의 내란 때문이다. 1856년 두문수를 두목으로 운남 지역의 회족인들이 반란을 일으켜 운남의 서부를 장악했고, 이에 차마고도 – 티베트의 수출길이 봉쇄되었다. 운남의 보이차 상인들은 반대 방향인 동남 지역의 홍콩, 광동, 동남아시아 등지로 새로운 무역 길을 개척했다.[18] 자연적으로 홍콩은 보이차 수출의 집산지로 자리 잡게 된다. 아편 전쟁(1840-1842) 이후, 홍콩은 영국의 식민지로 동서양을 잇는 중요한 무역항이 된다. 해안선 깊숙이 만입灣入[19]되어 태풍을 피할 수 있는 이상적인 계류장 역할을 하는 지형적 특성과[20] 지리적 위치 때문이었다. 중국과 서양 무역의 중심점은 자연스레 광동에서 홍콩으로 이동했다.

아편 전쟁은 청과 영국 사이에서 차茶 때문에 시작된 전쟁이다. 영국은 홍차 문화를 유지하기 위해 당시 홍차의 주요 수출국인 청에서 거대한 양의 차를 수입했다. 그리고 청에 면직물을 수출했는데 청의 제한적인 무역 정책 때문에 손해가 점점 커졌다. 영국은 무역적자를 해소하기 위해 인도에 면직물을 수출하고 인도의 아편을 중국에 밀수출하는 삼각 무역[21]을 시작했다. 연 300만 톤이 아편이 수입되자 청나라는 국고 재정 문제와 국민들의 중독 문제로 큰 곤란을 겪었고, 아편 금지령과 함께 아편 공급업자들을 강제로 홍콩 지역으로 쫓아내며 영국과 청나라의 전쟁이 시작된 것이다.

경매하기 위해 진열된 보이차

◀

18) 이문천, 『고차수로 떠나는 보이차 여행』(인문산책, 2014)

19) 강이나 바다의 물이 활등처럼 뭍으로 휘어듦.

20) G.B. 엔다콧, 『홍콩의 역사』(한국학술정보, 2006)

21) 두 나라 사이의 무역 수지가 균형을 잃을 때, 제3국을 개입시켜 불균형을 상쇄하는 무역.

그 결과, 전쟁에서 패한 청나라는 홍콩을 영국에 할양割讓했고, 영국 통치 아래 홍콩은 광저우와 더불어 서양과 무역하는 주요 항구로 발전했다. 도시의 발전에 따라 인구 유입이 늘었는데, 2차 아편 전쟁 (1856-1860) 이후 광동 지역의 노동자들이 대거 홍콩으로 이주한다. 자연스레 홍콩에 광동 식문화가 자리 잡으며 차와 식사를 함께 할 수 있는 차루茶樓[22]가 생겨났다. 차루에서는 기름진 음식이나 딤섬과 함께 보이차를 마셨다. 보이차가 소화를 돕고 속을 따뜻하게 해 주는데다, 가격이 저렴하고 내포성耐泡性[23]이 좋아 여러 번 우릴 수 있기 때문이다. 이렇게 홍콩의 대표적인 보이차 소비문화가 형성되었다.

1930년까지 차루에서 즐겨 마신 보이차는 운남에서 생산된 신선한 보이차였다. 그러나 육안차六安茶[24]가 보급되며 홍콩 사람들은 살짝 발효된 맛을 선호하게 되었다. 이는 보이차 제다법에도 변화를 가져왔기에, 먼저 육안차의 제다법을 알 필요가 있다.

육안차의 제다법은 초제初製, 정제精製, 입창入倉[25]의 3단계 과정을 거치고 (중략) 다음 날 아침 시루[26]에 넣어 물 끓이는 솥 위에 앉혀 부드러워질 때까지 살짝 찐다. 뜨거울 때 대바구니에 넣어 긴압해 준다. 그런 후 일정한 장소에서 2~3년 동안 방치해 둔다.[27]

육안차는 유통 전에 이미 어느 정도 발효가 진행된 상태로, 육안차의 소비가 늘며 발효된 보이차를 즐겨 찾는 사람도 늘었다. 차상들은 제다법이나 창고 보관법에 변화를 주어 차를 빨리 발효시킬 수 있는 방법을 찾게 된다.

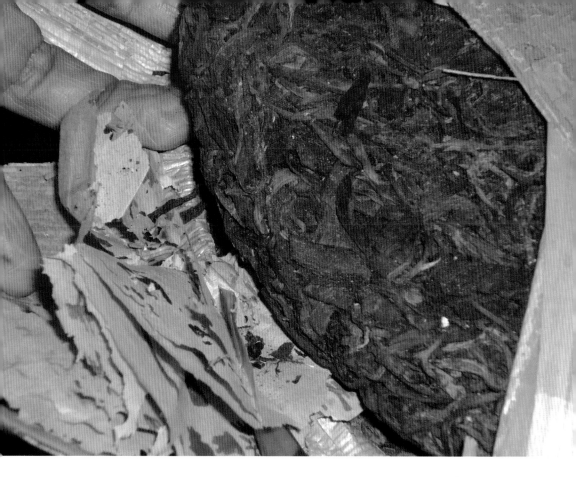

동흥호 · 향승무 병면

◀

22) 음식과 차를 함께 판매하는 식당.

23) 차가 우려져 나오는 정도.

24) 육안차는 보이차와 같은 흑차 계열이지만 제다법이나 원료가 전혀
다르다. 운남성이 아닌 안휘성 기문남향노계(祁門南鄕蘆溪)에서 생산된다.

25) 여기서 초제는 모차를 만드는 과정, 정제는 김을 씌어 형태를 잡고
차를 완성하는 과정, 입창은 저장 방법 중의 하나다.

26) 떡이나 쌀 따위를 찌는 데 쓰는 질그릇이 아니라 시루 모양의 대나무 바구니이다.

27) 오명진, 「祁門 安茶의 정체성에 관한 탐색」,
한국차학회지 논문 제19권 제4호, 2013년 12월

골동보이차의 탄생

현존하는 골동보이차는 모두 홍콩 지역에 있는 창고를 통해 세상 밖으로 나왔다. 보이차는 오랜 역사 동안 중국 운남성에서 생산되어 내수 혹은 수출을 통해 여러 지역으로 유통되었지만, 홍콩을 제외한 다른 지역에서는 오래된 보이차가 존재하지 않았다. 오로지 홍콩 지역의 창고에서만 발견된 것이다. 골동보이차 중에서 현존하는 가장 오래된 차는 1910년대 생산된 진운호와 송빙호·홍표 등이 있다. 진운호와 송빙호·홍표의 정확한 생산 연도는 알 수 없지만, 문헌과 유통 과정을 고려할 때 보이차 전문가들은 모두 1910년대 차로 추정한다. 이보다 생산 연도가 빠른 보이차도 극히 일부 존재하지만, 유통 수량이 없으므로 거론하지 않겠다.

홍콩의 모든 차 창고마다 골동보이차가 대량으로 나온 것은 아니다. 호급 보이차는 몇몇 차루茶樓에서 운영하던 창고에서 1990년 전후로 나왔다. 그 이전에는 저장된 보이차의 존재조차 알려지지 않았다. 호급 보이차가 나온 대표적인 차루는 비교적 규모가 큰 돈황차루敦煌茶樓와 용문차루龍門茶樓, 이보다 규모가 크지 않은 육우차루陸羽茶樓와 금산루金山樓였다. 1933년 개업 후 1976년 현재 자리로 이전해 영업 중인 육우차루만 명맥을 유지하고 있으며, 다른 차루들은 홍콩 반환 시점인 1997년을 전후로 모두 문을 닫았다.

1910년대

陳
雲
號

진
운
호

홍콩에서 나온 골동보이차에 몇 가지 의문점이 생긴다.

첫째, 왜 그렇게 오랜 세월 동안 방치되었을까?

둘째, 발효를 위해 의도적으로 저장한 것일까?

셋째, 의도적인 발효를 원했다면, 왜 10년 혹은 20년의 일정한 시간이 지난 뒤 유통하지 않았을까?

넷째, 차는 일반적으로 해마다 생산 및 판매가 이루어지는데, 왜 한 시기에 생산된 보이차만 남았을까?

다섯째, 어린 찻잎으로 만든 아차芽茶²⁸⁾나 산차散茶는 없고, 왜 큰 찻잎²⁹⁾으로 만든 보이차만 남아 있었을까?

골동보이차 탄생 및 유통의 전후 과정을 살펴볼 때, 다음과 같은 추측이 가능하다.

1900년대를 전후로 운남성에서 생산된 보이차는 여러 지역으로 보급되었다. 당시에는 보이차를 주로 햇차로 마셨다. 이는 현재 호급 보이차에서 어린 찻잎으로 만든 병차나 산차를 볼 수 없는 이유일 것이다. 차루는 어린 찻잎에 비해 가격이 저렴한 큰 찻잎으로 만든 병차를 대량으로 매입했다가 미처 다 판매하지 못했을 수 있다. 재고로 남은 차는 자연스럽게 창고 안쪽에 쌓이고, 이런 과정이 반복되며 수십 년의 세월이 흘러 방치된 차가 지금의 호급 보이차가 된 것이다. 또 한 가지, 현재의 호급 보이차는 당시 고급 차가 아닌 저가였다는 전제 하에 재고 부담이 없었을 것이란 점이다. 그렇다면 차루는 판매와 크게 상관없이 가격이 저렴한 차를 대량으로 매입해 일부는 판매하고 일부는 재고로 남았을 것이다.

갓 만든 햇차는 2~3년이 지나면 풋풋한 청향淸香이 사라지고 도리어

◀

더 맛이 없어진다. 이런 차가 재고로 쌓여 창고 한쪽에 방치된 채 세월이 흘러 지금의 호급 보이차가 된 것이다.

분명한 점은 발효를 의도한 것은 아니지만 세월이 흘러 매우 잘 발효가 되었고, 누구도 예측하지 못했던 향과 맛을 지닌 차로 변했다는 것이다. 발효를 염두에 두었다면, 못해도 20~30년이 지난 후쯤부터는 유통이 되었어야 마땅하다. 하지만 호급 보이차는 1990년을 전후로 생산된 시기와 상관없이 동시에 시장에 등장했기 때문에 발효를 염두에 두고 보관했다고 보기는 어렵다.

골동보이차 시장의 보급과 발전

_ 홍콩 시장의 형성과 발전

중국 운남성에서 생산된 보이차는 홍콩뿐만 아니라 국내외 다양한 지역으로 유통되었다. 하지만 어느 곳에서도 발효를 위해 저장된 보이차는 존재하지 않았다. 오직 홍콩에서만 발효된 보이차가 발견되었다는 점을 주목해야 한다. 골동보이차는 언제부터 홍콩에서 유행하기 시작했을까? 1990년 이전에는 홍콩에서도 인급 보이차, 호급 보이차 등의 골동보이차를 볼 수 없었다. 차루에서는 사람들이 생차인 경우 10년 정도 발효시킨 차를 즐겨 마셨고, 아니면 갓 만들었어도 부담 없는 숙차를 즐겨 마셨다. 당시 생차와 숙차는 가격 차이가 크지 않았다는 것을 볼 때, 발효된 보이차에 대한 인식이나 선호가 특별하지 않았던 것 같다. 중국 운남성에서 생산된 보이차는 광동이나 베트남을 통해 홍콩으로 수입되었고, 그 차의 대부분은 차루에서 소비되었다. 차 소비량이 많았던 차루에서는 비교적 가격이 저렴한 차를 찾을 수밖에 없었다. 원가 절감을 위해 찻잎을 섞어 만든 지금의 호급 보이차를 대량으로 구입했다가, 당해 년도에 판매하고 남은 차들을 창고 안쪽에 방치했을 것이다. 만약 발효된 차의 가치와 우수성을 알았다면, 상식적으로 판단할 때 짧게는 10년 길어야 20년이 지난 뒤부터는 창고에서 차를 꺼내야 한다. 그러지 않았다는 것은 그들도 오랜 세월의 저장이 가져온 발효의 결과로 차의 상품성을 이만큼 높일 수 있다는 것을 몰랐기 때문일 것이다.

▼

30) 호급 보이차를 생산하던 차장茶莊은 생산과 유통을 같이하는
운남성의 생산 상호를 말한다. 이를 따라 홍콩의 차수입 혹은 판매
매장들에서 차장茶莊이라고 상호들을 만들었다.

홍콩의 무역 공사 여섯 곳을 통해 수입된 보이차는 차루로 도매 유통되다가, 1960년대 들어서 개인 소비자를 직접 겨냥한 소매 전문 차장茶莊30)이 생겨난다. 도매가 아닌 소매 영업을 한 첫 번째 차장은 의안차장義安茶莊이다. 의안차장은 1960년대 초에 정식으로 상호 내걸며 영업을 시작했다. 창업주 요계姚計 씨는 1950년대부터 친구 이윤李潤 씨와 동업해 육안차를 유통하다가 사업이 흥하자 1960년대에 독립하여 보이차 판매를 본격적으로 시작하였다. 그 후 다량의 산차를 매입해 판매하고 남은 차는 태국 등지에서 호급 보이차 모방품을 생산하거나 자체 상품을 생산해 판매했다. 의안차장은 차루에 도매가 아닌 소비자에게 직접 판매하는 유통구조를 만들었다.

현재 홍콩에서 유통되는 차를 보면 보이차 양이 압도적으로 많다. 하지만 1990년 이전까지만 해도 보이차가 아닌 무이암차, 철관음, 화차 등을 주로 판매하였다. 1980년대 중반 이후 보이차 인기가 서서히 높아지자 자사호나 철관음을 전문적으로 판매하던 명향차장茗香茶莊, 형리무역공사亨利貿易公司, 영기차장英記茶莊, 임기원차행林奇苑茶行, 영원차행榮源茶行, 천성무역공사泉盛貿易公司, 남천무역공사南天貿易公

홍콩 골동보이차경매 현장

▶

31) 저장 과정에서 과도한 습으로 인해 매변을 일으킨 차.

32) 건창은 습이 영향을 받지않고 실온창고에서 보관된 차.
입창은 발효를 목적으로 습도와 온도를 조절하는 창고.
습창이라는 창고는 없으나 통풍이 잘 되지 않고 습도가 높은
홍콩의 창고를 말한다.

司 등 업체들이 품목을 보이차로 바꾸었고, 신규 보이차 전문점들도 생겨나며 유통이 활발해졌다.

홍콩은 보이차의 중요한 중간 유통 지역이며 골동보이차계에서는 중요한 위치를 차지하고 있다. 하지만 혹자에게 잘못된 상술이 난무하는 지역, 습창차濕倉茶[31]를 판매하는 지역, 눈속임으로 가짜를 파는 지역으로 왜곡되고 있기도 하다. 초기 호급·인급 보이차의 유통 과정을 조금이라도 알고 있다면 이런 오해는 없을 것이다.

1990년대 초기 한 창고에서 쏟아져 나온 남인철병은 습기에 노출된 차와 습기에 노출되지 않은차, 가장자리가 손상된 차가 섞여 있었다. 홍콩 현지 가격은 한국 돈으로 편당 3만원 전후였다. 당시에는 건창乾倉, 입창入倉, 습창濕倉[32]의 개념이 없던 때라 창고에서 망가진 죽피는 통으로 재조립하고, 습기에 노출되어 눅눅해진 차는 포장지를 열어 습기를 말린 후 다시 재포장하고, 옆 부분이 깨진 차는 산차를 채워 무게를 맞췄다.

현재의 홍콩보이차 창고

지금처럼 가격이 폭등하리라고는 상상도 하지 못한 채, 조금이라도 상품성을 좋게 하기 위한 단순한 의도였을 것이다. 가격이 폭등하면서 이런 차들은 진위 여부로 논란을 불러일으켰다. 하지만 홍콩, 대만, 중국으로 역수출하면서 보니, 상품성이 떨어져 높은 가격을 받지 못하더라도 차 자체가 가짜인 경우는 극히 일부 외에는 없었다.

또 호급차와 인급차는 보관 환경이 달랐다. 호급차는 거의 매변이 없는 것으로 보아 저장 창고의 습도가 상대적으로 낮았을 것이다. 반면에 인급차는 발효 상태가 다양하다. 저장 창고의 습도가 다소 높았던 것으로 보이나 창고 위치에 따른 상태 차이가 크다. 숫자급 보이차의 대부분 상태를 보면 습도가 더욱 높은 창고에 보관된 것으로 판단한다. 선호하는 음다 트렌드의 변화에 따라 저장방법이 달라졌기 때문이다. 인급차의 대표작인 홍인은 초기에 맛이 너무 강렬해 판매하기 어려웠고, 그 때문에 창고에서 30여 년의 긴 세월 동안 방치되었다가 1980년대 중후반에야 시장에서 유통되기 시작했다.

그때 보이차는 대부분 차루의 창고에서 나왔다. 그 중 대표적인 곳은 육우차루, 돈황차루이며, 차루가 아닌 유통을 한 곳 중에 초기에 골동보이차를 많이 보유하고 유통한 곳이 만화차장萬華茶莊이다. 돈황차루의 창고에서는 주로 동흥공차, 동흥호, 경창호, 홍인, 7572 등 차가, 육우차루에서는 진운호, 쌍사홍태창雙獅鴻泰昌, 동창호, 남인철병 등이 나왔다. 육우차루 한 곳에서만1990년대 초에 출고한 남인철병만 100여 건[33]이 된다. 이제 사람들은 홍콩 자연창고[34]의 보이차를 받아들이고 있다. 심지어 요즘 중국에는 '창고에 들어가지 않으면 차가 완성될 수 없다無倉不成茶'고 주장하는 차인들도 생겨났다. 30년 전과 비교하면 격세지감을 느낀다. 보이차의 주요 소비 지역이면서 골동보이차의 발

◀

33) 1건은 12통, 1통은 7편이다. 100여 건은 약 8400편 가량이다.
34) 홍콩의 자연환경을 그대로 이용한 평범한 창고를 뜻하는 것으로, 발효를 위한 인위적인 시설을 갖춘 곳이 아니다.

견과 함께 주요 유통 지역이 된 홍콩은 자료 부족으로 인해 많은 오해를 받아 왔다. 가장 잘못된 것은 '홍콩 창고는 습창이다.'는 견해다. 인위적으로 습창 창고를 만들어 습창차를 만들었다는 것이다. 하지만 수차례 홍콩 창고를 조사한 결과, 습도가 다소 높은 창고는 있지만 인위적으로 만든 방공호나 습창 창고는 없었다.

_ 대만 시장의 형성과 발전

대만의 보이차 유통은 1980년 전후 홍콩 보따리상에 의해 시작되었다. 대만과 무역하던 홍콩 상인들이 '보이차'라는 새로운 상품으로 대만의 차 시장을 개척하기 시작했다. 홍콩 상인 유연생廖連生, 진영찬陳英燦, 오수영鳴樹榮, 왕경창王慶昌 등은 보이차를 대만 전 지역으로 빠르게 확산시켰다. 무역상들의 유통 경로 외 일부 찻집에서 개별적으로 보이차를 수입하기도 했다. 대만에서 보이차 유통을 초기에 시작한 곳 중 하나는 옥호헌(玉壺軒, 1973년 설립)이다. 옥호헌 황슬금黃瑟琴 대표는 도예 작가이면서 자사호 상인으로, 중국 의흥宜興에서 직접 자사호를 주문 생산했다. 그는 보이차 유통을 시작하게 된 계기를 이렇게 말한다.

"의흥을 가기 위해 홍콩을 경유했는데, 1980년 전후
차 판매점에서 보이차를 처음 보고 구입해 자사호와 함께 판매했다.
주로 10년 정도 발효된 생차와 숙차였는데, 오래된 골동급의
호급·인급 보이차는 어디에서도 볼 수 없었다."

대만 옥호헌 황슬금 대표

대만 보이차 전문점   대만 보이차 창고

당시 보이차의 주 소비층은 대만 전통 오룡차를 판매하는 찻집, 예술가와 도예가들이었다. 우리가 잘 알고 있는 대만의 유명한 다기 판매점 당성도예唐盛陶藝의 대죽계戴竹谿 대표도 보이차 마니아였다. 서울 끽다거의 안우섭 대표는 80년대 초, 대만 유학 중에 당성도예를 방문했는데, "그곳에서 내준 차가 보이차였다. 그 후 1980년대 중후반부터 보이차를 판매하는 곳이 한 두 군데씩 늘어나기 시작했다."고 회상했다. 그러나 1980년대 중후반 대만과 중국의 관계가 악화되며 보이차 수입에도 원활하지 못한 시기가 있었다. 대만 상인들은 중국 표기가 되어 있는 포장지를 벗기고 내비는 뜯어내고 보이차를 판매하는 에피소드를 남긴다. 현재 차 시장에서 7542, 7572, 7582 계열 중 내비가 없는 차들을 간혹 보게 되는 이유이다. 이런 차들을 '무비 보이차'라고 한다. 1980년대 말부터는 인급 보이차의 대명사인 홍인이 유통되기 시작했는데, 대만 역시 1990년 전후로 호급 보이차 유통이 이루어졌다. 홍콩 상인들이 골동보이차 무역과 유통을 시작했다면, 대만 상인들은 골동보이차를 예술성과 소장성을 지닌 최고의 상품으로 만들었다.

1995년 대만의 등시해鄧時海가 『보이차』를 출간하며 더욱 많은 사람들이 보이차에 대해 알게 되었다. 그때부터 보이차는 감상하고, 품감하며, 투자 가치를 지닌 소장품으로 거듭난다. 보이차는 운남에서 태어나 홍콩에서 저장되고 대만에서 크게 발전을 이룬 셈이다.

_ 한국 시장의 형성과 발전

국내 최초의 보이차 전문점은 1988년 개업한 부산의 '녹백다장'이다. 일본으로 다도 유학을 다녀온 최윤석 대표는 차 관련해 홍콩을 수차례 방문하면서 보이차의 상품성에 일찍 눈을 뜨게 된다. 현재 대구에서 '보이고사'를 운영하는 연암 박정호 대표는 그보다 먼저 부산 광복동 국제시장(속칭 깡통시장)에서 '연암찻집'을 개업했지만, 보이차만 취급한 것은 아니었다. 보이고사는 대만차와 보이차 등을 함께 취급하는 중국차 전문점이었다.

몇 년 뒤인 1992년 서울 조계사 인근에 '끽다거'가 개업하며 본격적으로 한국에 보이차가 보급되기 시작한다. '끽다거' 안우섭 대표는 1980년대 초 대만 당성도에에서 맛본 보이차에 매료되어 관심을 갖게 된다. 유학 생활 중 등시해 선생을 만나 본격적으로 보이차를 공부하게 되었으며, 귀국 후 보이차 전문점을 열었다. 유통 초기에는 사찰을 중심으로 보이차가 보급되었다. 스님들이 내준 보이차를 맛본 사람들이 서서히 그 맛에 매료되면서 마니아들이 생겨났고, 약리적인 효능이 입소문을 타면서 1990년대 말부터 보이차를 찾는 수요가 급증했다.

골동보이차 설명회 현장

골동보이차 품감회(서울 포시즌스 호텔)

1990년대 초에는 모든 보이차 가격이 비교적 저렴했다. 홍인은 20만 원대였고, 현재 편당 억대를 호가하는 복원창도 50만 원 전후였다. 남 인철병 역시 5만원 전후였으며, 1970년대 생산된 숫자급 보이차는 3 만원 안팎이었다. 현재 유통 과정에서 최고의 대접을 받는 홍인은 당 시에는 쓰고 떫은 맛이 너무 강해 마시기 힘들었다.

'녹백다장'과 '끽다거'를 중심으로 조금씩 유통되기 시작한 보이차는 1990년대 말부터 전문점이 몇 군데 더 생기면서 점차 시장이 확대된다. 2000년 초에 들어서며 호급 보이차와 인급 보이차의 가격이 폭등하자, 한국 차 상인들은 중국 운남성의 생산지에 직접 가서 좋은 원료로 햇차를 생산해 국내에 보급하기 시작한다. 때마침 높아진 보이차의 인기와 더불어 많은 보이차 전문점들이 생겨나기 시작했으며, 보이차는 중국차 중에서 단연 으뜸으로 자리매김하게 된다. 저자도 비교적 빠른 시기인 2003년부터 2008년까지 중국의 맹해勐海 이무 차산 원료로 보이차를 만들었으며 운남성 태족 문자 '명茗'자로 보이차 포장지의 로고를 만들었다.

국내에서 골동보이차는 1980년 말부터 그 존재를 알리며 마니아층을 형성하기 시작했고 차계의 새로운 시장과 문화로 성장한다. 2000년 이전 중국은 경제 발전이 급성장을 이루었지만 진정한 차 문화를 즐기는 개인이나 단체는 찾아보기 힘들었다. 그래서 이 책에서는 중국에서의 골동보이차 문화에 대해서는 거론하지 않겠다. 홍콩은 차루에서 대중화된 차 생활을 즐기는 곳으로 지금까지도 차 문화를 즐길 수 있는 개인적인 공간이 거의 없으며 차인들의 개인 차실도 변변한 곳이 없다. 대만에서는 보이차를 연구하는 학자들이 수많은 자료를 정리하고 문헌을 남기는 등 보이차 연구에 큰 공헌을 했다. 최근 십여 년 동안 경치 좋은 곳에 찻집들이 많이 생겨났지만, 대부분이 차와 다기를 대량 판매하는 곳으로 담소를 나누며 차를 마실 수 있는 곳은 매우 드물다. 일상생활 속에 차 생활이 자리 잡고 있는 대만도 당송 시대의 문인들처럼 풍류로 차를 즐기거나, 특히 골동보이차를 즐기는 상류 문화는 찾아볼 수 없다. 한국에서 골동보이차의 역할은 다소 다르다. 골동보이차가 국내로 들어

온 1980년대 말에는 대부분 승려들이 차를 즐겼다.

보이차가 상업적인 목적이 아니라 차 생활의 풍류를 즐기는 데서 시작한 것이다. 골동보이차를 마시고 소장한 마니아들은 대부분 차 마시는 공간을 별도로 마련했다. 숲이나 좋은 풍경이 보이는 창문이 있고, 골동 다기를 갖추고 그림을 걸었다. 좋은 사람을 찾아다니거나 불러서 귀한 차를 서로 나누며 생활의 격을 높였다. 보이차는 운남에서 태어나 홍콩의 창고에서 골동보이차라는 새로운 산물로 재탄생했고, 대만에서 상업적 가치로 발전시켰으며 한국에서 차 문화의 꽃으로 피어났다.

▶

개화사(서울) 노차차회. 1980년대부터 매주 법회 후 차회를 열고 있다.

호급보이차

▼

1960년까지

양 楊
빙 聘
호 號

호급보이차란

호급차號級茶는 1960년 이전에 개인 상호들에서 생산된 60년~100년 이상 된 보이차를 말한다. 복원창福元昌, 송빙호宋聘號, 동흥호同興號, 동경호同慶號, 진운호陳雲號, 경창호敬昌號, 동창호同昌號, 강성호江城號 등 수많은 차들이 있지만, 세상에 남아 있는 것은 극히 드물다. 문화적, 예술적 가치를 겸비한 보이차라고 할 수 있다.

양 楊
복 復
취 聚

호급 보이차의 종류

_ **복원창**

원창호元昌號 차장은 청 광서(光緒, 1875~1908) 연간에 설립되어 매년 보이차 4~5백 단[36]을 생산해 사천四川과 북방 지역으로 운송 판매했다. 광서 중기에 이무로 옮겨 복원창호福元昌號이란 이름으로 새롭게 운영하다가 광서 말년에 운남 남부의 치안 악화로 인해 휴업했고 중화민국 10년(1921)에 운영을 재개했다. 1920년대 흥성했던 4대 차장 중 하나로 자리매김했다. 그러나 중국의 항일 전쟁 시기에 이무의 모든 차장이 문을 닫았고, 복원창도 마찬가지였다. 이무의 옛 거리에는 여전히 복원창 차장의 유적지가 남아 있다.

복원창福元昌은 골동보이차계에서 공인하는 호급 보이차의 차왕茶王이다. 복원창 죽피에는 글자 흔적이 있지만 오랜 세월 탓으로 알아보기 힘들다. 매 통마다 약 11cm 정방형의 통표가 한 장 있으며, 사각형 형태로 회전하는 운문 테두리 안에 붉은색과 쪽빛으로 '본 상호는 이무 차산 거리에 복원창을 개장한다. 오해가 없도록 도안으로 표기한다. 유복싱빅. (本號在易武山大街開張福元, 以圖爲記, 庶不致誤, 餘福生白)'

▲

36) 1단은 100근, 50킬로그램이다.

福元昌 · 藍標
복원창 · 남표

이라 쓰여 있다. 유복생은 차장의 주인 이름이다. 복원창은 내비 색깔에 따라 자표紫標, 남표藍標, 백표白標 등 세 가지로 나뉘며, 골동보이차 시장에서는 복원창 자표를 가장 선호한다.

골동보이차의 가치를 판단하는 기준은 다음과 같다. 첫째는 죽피의 상태, 둘째는 원포장의 유지, 셋째는 차의 무게, 넷째는 통표의 존재 여부, 다섯째는 차의 병면 상태이다. 이에 따라 골동보이차의 등급이 달라진다.

죽피와 대나무 매듭의 상태에 따라, 포장이 원래의 것인지 재포장한 것인지 알 수 있다. 죽피와 병면 상태나 통표의 존재는 보이차 보관 상태를 반영하며, 이러한 조건에 따라 차의 가치와 가격이 달라진다. 아래 사진의 복원창은 100년의 세월이 흘렀지만 보관 상태가 매우 좋아 세월을 무색케 한다. 다만 보이차의 병면 위에 죽피가 곰삭아 흰 분이 살짝 묻어 있을 뿐, 찻잎의 색상이나 병면은 아름답고 훌륭하다.

통에 들어 있는 통표는 인쇄 기법으로 생산 시기를 추정할 수 있다. 예를 들어 1930년 이전에는 도장으로 내비나 통표를 찍었고, 이후에는 수작업 인쇄 방식으로 바뀌게 된다. 통표의 상표 도안은 1920년대 중반을 기준으로 글자만 있는 단순한 것에서 글과 그림이 어우러진 디자인으로 바뀌게 된다. 규모가 큰 공장일수록 도안이 화려하고 작은 공장일수록 도안이 단순하다. 내비의 종이 재질과 두께, 내비 글자를 인쇄한 기법, 통표의 종이 재실과 도안, 통표에 인쇄한 기법 능으로 미루어 보아, 복원창은 1920년에서 1930년 사이에 생산되었다.

복원창福元昌 1920년대 _

1920년대 흥성했던 4대 차장 중 하나로 호급 보이차의 차왕茶王으로 자리매김한다.
복원창은 내비 색깔에 따라 자표紫標, 남표藍標, 백표白標 등 세 가지로 나뉜다.
긴압된 찻잎은 크고 튼실하며 균일하다. 부드럽고 탄력 있는 줄기도 적당히 섞여 있고
노엽老葉의 억센 찻잎도 섞여 있는 것으로 보아, 여러 시기에 채엽한 찻잎을 섞어 긴압한 것을
알 수 있다. 생모차生毛茶로 긴압했으며 유념을 강하게 했다. 여러 탕 우리고 난 뒤 살펴보면,
성엽成葉과 노엽, 부드러운 줄기 등이 적절히 섞여 있다.
약장향藥樟香과 화향火香이 풍부하고, 암갈색의 심도 깊은 탕색이며 쓰고 떫은 맛과 어우러진다.
목 넘김이 부드럽고, 목젖을 타고 내려가는 열감熱感과 단침이 풍부하게 고인다.
진향陳香, 진미陳味, 진기陳氣의 삼박자가 완벽하기에 보이차의 황제라 부른다.

복
원
창
통

복 원 창 통 표

福 元 昌 · 紫 標

복 원 창 · 자 표

초기 복원창을 많이 유통했던 '끽다거' 안우섭 대표는 "대부분의 복원창은 통을 열었을 때 맨 위의 첫 번째 편과 맨 아래의 마지막 편 상태가 온전하지 못했다. 워낙 오래 보관되다 보니 차의 병면이 뭉그러지거나 형태가 망가진 것이다. 이런 차들은 상품용으로 쓰지 못하고 주로 시음용으로 사용했다"며, 초기 유통 수량은 수십 통 정도라고 했다.

1994년 서울 인사동에 개업했던 보이차 전문점 '벽송방' 역시 수십 통 정도 유통했다. 그러나 훨씬 더 이른 시기에 개업한 '녹백다장'은 오히려 온전한 원통의 복원창을 수입하지 못하고 겨우 소량의 낱편만 거래했다고 한다. 복원창은 호급 보이차로서는 비교적 일찍 홍콩 창고에서 세상 밖으로 나왔다.

사진 속의 복원창 병면을 유심히 살펴보면 빛 때문에 병면 찻잎 색상이 다르게 보일 뿐, 긴압된 찻잎은 크고 튼실하며 균일하다. 부드럽고 탄력있는 줄기도 적당히 섞여 있고 노엽老葉[37]의 억센 찻잎도 섞여있는 것으로 보아, 여러 시기에 채엽한 찻잎을 섞어 긴압한 것을 알 수 있다. 복원창의 제다법을 살펴보면 생모차生毛茶[38]로 긴압했으며 찻잎 모양에서 알 수 있듯 유념을 강하게 했다. 유념을 하는 목적은 세포막을 파괴시켜 차 성분이 잘 침출되게 하기 위한 것도 있지만 비벼주는 과정을 통해 차의 부피를 줄이기 위함도 있다. 실제로 복원창을 여러 탕 우리고 난 뒤 살펴보면, 성엽成葉[39]과 노엽, 부드러운 줄기 등이 적질히 섞여 있다.

▲　37) 이미 다 자라 억센 찻잎.
38) 전혀 발효시키지 않은 채로 1차 가공을 마친 차.
악퇴시켜 놓은 것은 숙모차라고 한다.

100여년이 지난 복원창의 맛은 어떨까? 사실 몇줄의 글로 풍부하고 오묘한 맛을 표현하기는 어려운 일이다. 명대의 문학자 문징명(文徵明, 1470-1559)이 찻자리 참석하지 못한 지기들을 위해 그림을 남겼듯 몇 자 남겨 보고자 한다. 복원창은 오랜 세월을 견뎌낸 보이차에서 나오는 특유의 풍부한 약장향藥樟香40)과 화향火香41), 암갈색의 심도 있는 탕색, 찻잔 속에 서리는 운무, 쓰고 떫은 맛의 조화 속에 나타나는 풍미風味42), 마신 듯 안 마신 듯 목 넘김이 부드럽고 목젖을 타고 내려가는 열감熱感43), 곧이어 올라오는 단침44)의 기운이 온몸의 세포마다 퍼지는 것을 느낄 수가 있다. 이렇듯 진향陳香, 진미陳味, 진기陳氣45)의 삼박자가 완벽하기에 복원창을 보이차의 황제라 부른다.

복원창과 같은 명차는 하루 아침에 만들어진 것이 아니다. 품질이 좋은 찻잎을 기본으로 오랜 세월을 지나 서서히 성숙하고 진화한 것이다. 풋풋함에서 원만함으로, 밖으로 뿜어내는 화사함에서 내면으로 무르익어 창상세월沧桑岁月을 견뎌내며 결국 존귀한 풍채를 갖추게 되었다.

▲   39) 다 자라 적당히 큰 잎.

　　40) 한약 냄새처럼 쌉쌀하면서 독특한 향.

　　41) 약간 숯불 냄새가 나는 독특한 향.

　　42) 고소하고 독특한 맛.

　　43) 보이차를 마실 때, 목 넘김에서 느껴지는 아주 뜨거운 느낌.
　　　　물 온도와 발효정도의 영향을 받는다.

　　44) 차를 마시고 난뒤 혀 밑에서 고이는 단맛의 침.

　　45) 오랜 세월을 거쳐 적절한 발효를 통해 잘 숙성된 향과 맛. 기운을 뜻한다.

福元昌・紫標
복원창・자표

최초의 보이차 공차는 의방倚邦 차산에서 시작되었다. 가정嘉慶 4년 (1799) 의방 지역에 최초의 보이차 차장인 경창호慶昌號가 개설되었 지만 아쉽게도 그 시기 생산된 경창호는 지금까지 남아있는 차가 없다. 그 뒤로 동치同治 연간 석평石屏의 송씨宋氏가 의방에서 송인호차장宋 寅號茶莊, 송빙호차장宋聘號茶莊을 개설하였다. 같은 시기에 강서江西 조씨趙氏가 건리정乾利貞이란 상호로 솜, 녹용, 약재, 차 등을 판매하였 다. 두문수杜文秀의 난 이후 송빙호는 석평으로 이전하고 건리정은 석 평 사람 원덕양袁德陽의 손에 넘어가 광서 22년(1896) 사모思茅에서 본점을 개설하고 1921년 사모 지역에 전염병이 돌자 어쩔 수 없이 이 무로 이전한다. 그 후 송빙호와 합병해 상호를 '건리정송빙호乾利貞宋 聘號'로 바꾼다. 건리정은 평안여의平安如意를 상표로, '화진가실貨真 價實', '양춘陽春', '건리정乾利貞'이란 글자로 디자인한 뒤 '본 차장은 운남 보이 이무에서 시작했다. 작고 여린 찻잎을 선별하고 유념해 만들 었으니, 평안여의에 많은 관심과 사랑을 부탁드린다. 本號在雲南普洱 易武山開張 , 拣提細嫩茶葉揉造˚貴客賜顧 , 請認平安如意圖為記'고 적 었다. 그 다음 '여의如意' 두 글자가 더 있거나 사각형 안에 '생재生財' 라는 표기가 있다

송빙호 통표에는「본 호는 운남 보이 이무산에서 개장한다. 작고 여 린 찻잎을 선별하고 정성스레 유념하여 이른 봄 백첨치[46]로 발행한다. 내비에 인식 표시를 하여 귀한 손님들에게 오해가 없고자 한다.本號在 雲南普洱易武山開張 , 拣提細嫩茶葉 , 加重尖芽 , 精工揉造陽春白尖發 行 , 貴客光顧 , 請認内票為記 , 庶不致誤˚」라 씌여있다.

송빙호 통표는 인장용 목판이 오랜 세월에 뭉그러져 도안과 글이 희미하여 알아볼수 없다. 아마도 차장의 소개와 제작과 판매 등에 대한 설명을 서술한것으로 보인다.

꽤 많은 자료에서 중화민국 6년(1917) 운남에서 건리정과 송빙호가 합병해 정산正山⁴⁷⁾ 찻잎으로 차를 만들며 60년간 운영했다는 기록을 볼 수 있다. 건리정송빙호는 몽자시蒙自市 와화瓦货 거리에 본점을, 성도(省城, 현 곤명)의 문묘文庙 거리에 분점을 세웠다. 중화민국 초기에는 홍콩에도 분점으로 복화호송빙福华號宋聘을 설립해 보이차를 전문적으로 취급했으나, 1950년 후 각 분점들이 하나씩 문을 닫았다. 복원창과 송빙호는 호급 보이차의 절대쌍교絶代雙驕라고 부른다.

송빙호는 1920년대 생산된 송빙호·홍표와 송빙호·남표로 나뉜다. 1920년대 생산된 홍표와 남표가 원통으로 유통된 것은 국내에서 찾아보기 극히 어렵다. 송빙호는 1990년대 말에 이르러 홍콩 창고에서 세상 밖으로 나오기 시작했다. 호급 보이차로서는 뒤늦게 출현한 데다 수량도 많지 않아 처음부터 고가에 거래되었다. 존재를 아는 상인들도 많지 않아 다른 차에 비해 인지도가 높지 않았다. 국내에서 유통된 송빙호의 흐름을 보면 송빙호·홍표는 서울에서, 송빙호·남표는 부산에서 주로 거래되었다. 호급 보이차의 유통 과정을 역추적해 보면, 창고에서 나올 때 홍콩의 유통 상인 몇이 독점한 것을 알 수 있다. 어느 상인과 거래하는지에 따라 취급하는 차의 종류가 달라질 수밖에 없었던 것이다.

宋聘號 · 藍標

송빙호 · 남표

1920년대 송빙호와 복원창은 호급 보이차를 대표하는 양대 산맥이 되는 이유는 좋은 원료를 사용해 생모차 긴압으로 만들었고, 그 후 오랜 세월을 잘 보낸 결과물이다. 송빙호·홍표는 2003년도에 이미 홍콩에서 편당 소비자 가격이 한국 돈으로 8백만원 전후였다. 2015년에 이르러서는 억대를 호가하니 그만큼 가치를 인정받는 셈이다.

1990년대 말 국내에서 처음 유통되기 시작했을 때 편당 100만원 전후였던 것을 생각하면, 골동보이차의 기치를 거듭 생각히게 된디.

1920년대 생산된 호급 보이차의 병면을 유심히 살펴보면 찻잎 병배의 중요성을 느낄 수 있다.

송빙호는 · 송빙포 홍표와 송빙호 · 남표로 나뉜다.
복원창과 골동보이차계의
절대쌍교絶代雙驕로 자리매김한다.

宋聘號
송빙호 · 홍표

여러 문헌이나 자료에서도 언급하듯, 호급 보이차는 한 지역이 아니라 인근 여러 지역에서 생산된 찻잎으로 병배해 만들었다. 어느 정도 자란 찻잎과 줄기가 있는 큰 찻잎, 봄여름과 가을 찻잎을 적절히 병배함으로써 맛이 훨씬 풍부하고 조화롭다. 이런 차들은 내포성이 좋아 수차례 우려도 차의 맛이 뚝 떨어지지 않고 한결같이 나온다.

송빙호 · 홍표와 송빙호 · 남표는 같은 시기에 생산되었지만, 마니아들은 송빙호 · 홍표를 한 등급 위의 차로 본다. 같은 시기에 생산하면서 왜 홍표와 남표로 구분했는지, 자료가 없어 정확히 알 수 없지만 경험으로 짐작컨대 송빙호 · 홍표의 발효 정도가 빠른 것을 보면 남표보다 생산 시기가 조금 앞선 것 같다. 1960년대 이후 만들어진 송빙호는 원료, 병배 방식, 제다법 등이 1920년대 송빙호와는 전혀 다르다. 이름은 송빙호지만 두 종류는 전혀 별개로 보아야 한다.

호급 보이차의 가격이 억 단위를 호가한다 말을 심심찮게 들어봤을 것이다. 하지만 호급 보이차 중에서 억 단위를 넘어가는 차는 몇 가지 안 된다. 송빙호, 복원창, 쌍사동경호, 동창호 · 황금당, 동흥호 · 박지 정도이다.

▶ 48) 지금의 칠자병차 형태.

_ 동흥호

동흥호同興號는 크게 향질경向質卿과 향승무向繩武로 구분한다. 유통 초기에는 종이 두께에 따라 얇은 박지薄紙, 두꺼운 후지厚紙로 구분했다. 내비의 마지막 내용에 '주인 향질경'이라 표기된 종이가 얇은 것을 1920년대 생산된 동흥호 · 박지, 두꺼운 것을 1930년대 생산된 동흥호 · 후지라고 불렀다. 박지 내비는 향질경, 상인원차 · 회문비上印元茶 · 迴文飛 두 종류로 구분한다. 상인원차 · 회문비가 더 이른 시기에 생산되었다. 호급 보이차 내비는 공통적으로 종이 두께가 매우 얇으며 글자 역시 도장으로 수작업한 것이 특징이며 오래된 것일수록 글자가 크다. 1930년대 이후에는 글자 크기가 작고 종이 재질이 두꺼워졌다.

동흥호 _ 향질경

동흥호차장同興號茶莊은 운남성 이무에서 최초로 세워진 차장이다. 청말 『이무향지易武香志』의 기록에 따르면, 동순상호同順祥號, 중신행中信行의 상호를 쓰다가 청 옹정雍正 10년(1733) 이무에서 설립되었나. 창건주는 기록이 없어 고증할 바가 없다. 청대의 《공차안책》에 따르면, 동흥호는 고급 보이차 생산 전문으로 유명하며 원차를 주로 제작했다. 운남원보공차雲南圓寶貢茶[48]는 동흥호차장이 가장 먼저 개발했다. 1897년에 향질경向質卿이 승계하며, 이때부터 동흥호는 통표로 분명한 기록을 남기게 된다. 향질경은 최초로 사람 이름을 딴 보이차 상표

同興號 · 向質卿
동흥호 · 향질경

동흥호同興號 1920~1930년대 _

동흥호同興號는 크게 향질경向質卿과 향승무向繩武로 구분한다.
종이 두께에 따라 얇은 박지薄紙, 두꺼운 후지厚紙로 연대를 구분하며 내비가 얇은 것을
1920년대 생산된 동흥호 · 박지, 두꺼운 것을 1930년대 생산된 동흥호 · 후지라고 부른다.

이다. 중화민국 초, 향질경은 아들 향승무向繩武를 데리고 노새와 말을 준비해 운남 남부에서 소금과 차 무역을 시작한다. 동흥호는 이무 차산의 봄철 여린 잎으로 고급 보이원차普洱圓茶⁴⁹⁾를 생산하며 널리 호평을 얻었다. 석평의 판매처 외 홍콩에도 천복태공사天福泰公社를 설립했다. 1921년 즈음, 보이차 생산량이 500여단을 초과하며 수십 명의 일군들이 바삐 움직일만큼 번성했고, 말, 노새, 사람 등 운송 규모만 해도 방대했다. 1937년 중·일전쟁이 시작되며 이무의 4대 차장은 거의 동시에 문을 닫는다. 당시 이무 거리에서 손꼽히는 4대차창이었던 동흥호차창의 유적은 오늘날까지 여전히 남아있다. 초기 유통 때에도 동흥호·향질경은 1920년대 생산품으로 품질이 상당히 좋은 차로 알려져 있었다. 동흥호·향질경은 생모차로 긴압했으며 대부분 보관 상태가 우수했다. 1990년대 중후반에 홍콩 창고에서 세상으로 나왔으며, 한국에도 같은 시기에 유통되었다. 수량은 많지 않았지만 동흥호·박지로도 불리며 서울과 부산 지역에서 골고루 유통되었는데, 그중 낱편으로 유통된 것은 온전한 통보다 습기에 노출된 차가 많았다. 운좋게도 동흥호·박지 몇 통을 거래해 보았는데, 모두 깨끗한 A급이었다. 병면은 1920년대 전형적인 차들처럼 찻잎이 크고 균일하고 튼실하며 줄기가 적당히 섞여 있다. 잘 보관된 차들에서 나오는 밝고 짙은 군청색을 띠고 있으며 윤기가 흐르고 맛이 강렬하고 풍부하다.

▲　　49) 둥그런 보이차에 대한 통칭.

동흥호 · 향질경의 죽피 매듭이나 재질은 1930년대 이후의 차에서는 발견할 수 없다. 1930년대를 지나 1940년대로 갈수록 마지막 작업 과정인 대나무 매듭 처리가 엉성해진다. 시대에 따라 제다법과 포장법 에도 조금씩 변화가 생기며 전통적인 방법을 고수하는 곳이 사라졌다.

동흥호
향질경
통사진
同興號
向質卿

동흥호 _ 향승무

1930년대 생산된 동흥호 · 향승무同興號 · 向繩武는 동흥호 · 후지로도 불리며, 1920년대의 동흥호 · 향질경과 유사성과 연속성을 지니고 있다. 다른 호급 보이차는 원료가 되는 찻잎과 제다법이 생산 시기에 따라 많은 차이점을 보이나, 동흥호는 앞서 생산된 박지의 특징을 후지가 비교적 잘 이어받은 듯하다. 다만 원료에 대한 의문이 생긴다. 1920년대 동흥호 · 박지는 찻잎이 크고 균일하며 줄기가 굵다. 하지만 1930년대 동흥호 · 후지는 찻잎이 크고 균일하나 줄기가 가늘며 내포성도 약하다. 동흥호는 박지보다 후지의 유통량이 더 적었다. 처음에는 같은 홍콩 창고에서 나왔을 텐데, 온전한 통으로나 낱편 유통량을 보면 후지의 수량이 더 적었다.

호급 보이차의 품질에 대한 평가는 현대의 차와 달라야 한다. 상품으로서의 차뿐만 아니라 세월이 입혀진 골동으로 이해를 해야 하기 때문이다. 1960년대 이후에는 홍콩 상인이 모방품을 많이 생산했다. 모방품이 가장 많은 호급 보이차는 동흥호, 동경호, 경창호 등이다.

동흥호 모방품은 병면이 윤기가 없고 뭉개져 있다. 모방품마다 약간씩 차이가 나지만 발효시킨 숙모차로 긴압하였기에 한눈에 봐도 찻잎 형태가 온전하지 못하며 우려 낸 엽저 또한 거칠다. 1960년대 동흥호 모방품은 찻잎이 검고 내비의 종이 두께가 두껍다. 보이차 제다법이나 보관법은 생산지인 운남과 소비지인 홍콩의 현지 상황에 따라 시대별로 변화했다. 홍콩에서 소비자들의 입맛과 상인들의 이윤 추구 방식이 운남의 생산 상황에 영향을 미치기도 했다. 훗날 여러 종류의 모방품들이 만들어졌지만, 호급 보이차 고유의 특성을 살린 제다법으로 만들지 못했기 때문에, 이름만 동일할 뿐 품질이 전혀 다른 별개의 차다.

同興號·向繩武

동흥호·향승무

1970년대 모방품

동 同
흥 興
호 號

_ 동경호

동경호同慶號는 1884년에 설립되었다. 석평의 차상 류씨劉氏가 세운 동경호는 이무에서 꽤 초기에 설립된 차장이다. 동경호는 '운남석평동경호雲南石屏同慶號'라고도 하며 이무 거리에서 시작했다. 동경호는 통표 도안에 용과 말이 있는 것을 용마동경호龍馬同慶號, 사자 두 마리가 마주 있는 것을 쌍사동경호雙獅同慶號라고 한다. 1920년대 이후 생산된 쌍사동경호는 다시 오색쌍사五色雙獅와 쌍사기雙獅旗[50]로 구분한다.

쌍사동경호

호급 보이차가 한국과 대만으로 유통되기 시작한 1990년대 초기에는 용마동경호가 쌍사동경호보다 생산 시기가 더 이르다고 소개되어 가격이 비슷하거나 용마동경호가 좀 더 비싸게 유통되었다. 등시해는 『보이차』에서 용마동경호를 1910년대 생산된 차로, 쌍사동경호를 1920년대 이후 생산된 차로 설명했다.

▲　50) 오색쌍사는 사자 두 마리가 같은 문양의 깃발을 들고 있고, 쌍사기는 들고 있는 깃발 문양이 다르다.

동경호 통

'운남석평동경호雲南石屏同慶號'라고도 하며 이무 거리에서 시작했다. 통표 도안에 용과 말이
있는 것을 용마동경호龍馬同慶號, 사자 두 마리가 마주 있는 것을 쌍사동경호雙獅同慶號라고 한다.
1920년대 이후 생산된 쌍사동경호는 오색쌍사伍色雙獅와 쌍사기雙獅旗로 구분한다.
1920년대 쌍사동경호는 생모차로 긴압했다. 찻잎의 외형은 크고 균일하고 튼실하며,
병면 외형 색상은 윤기 나며 밝고 짙은 군청색을 띈다. 탕색은 맑고 암갈색이 나며,
차성茶性은 강해 약장향이 난다. 떫고 쓴 맛이 많으며, 마시고 난 후 단침이 풍부하게 고이고
맛의 여운이 오래간다. 최고의 조건을 모두 지닌 최상품의 보이차이다.

쌍雙
사獅
동同
경慶
호號

이런 이유로 한국 시장에서 쌍사동경호보다 용마동경호가 더 많이 유통되었다. 당시에는 홍콩과 대만의 상인들조차 제대로 알지 못했다.

현재 시중에서 볼 수 있는 용마동경호는 발효된 모차를 섞어 긴압했기 때문에 맛이 좀 더 부드럽고, 쌍사동경호는 생모차를 긴압해 쓰고 떫은 맛이 강하다. 아마도 그래서 잘못된 판단을 했을 것이다.

모든 진년차가 그렇지만, 특히 호급 보이차는 생산이나 유통에 대한 기록이나 자료가 매우 부족하다. 골동보이차가 홍콩 창고에서 나와 한국에 수입된 초기에는 상인들이 자신이 유통한 수량만 알고 있을 뿐 어떤 차가 어느 정도의 수량으로 국내에 들어왔는지 알 수 없었다. 또 어떤 차가 유통될지 예측이 불가능하고 매우 생소한 분야라 객관적이고 종합적인 판단을 내리기 어려웠다. 따라서 차의 생산 연대와 관련 사실 등을 검증하기 어려웠다. 쌍사동경호는 서울과 부산 지역에서 매우 소량만 유통되었다. 생산 연대에 대한 제대로 된 정보가 있었다면 아마도 훨씬 더 많은 수량이 유통되었을 것이다.

쌍사동경호는 생모차로 긴압했다. 1920년대 전형적인 제다법과 동일하다. 찻잎의 외형은 크고 균일하고 튼실하며, 병면 외형 색상은 윤기가 나며 밝고 짙은 군청색을 띈다. 탕색은 맑고 암갈색이 나며, 차성茶性[51]은 강해 약장향이 난다. 떫고 쓴 맛이 많으며, 마시고 난 후 단침이 풍부하게 고이고 맛의 여운이 오래간다. 최고의 조건을 모두 지닌 최상품의 보이차이다.

용마동경호

동경호는 통표에 민국 초년 동경호의 가품이 연이어 출몰한 탓에 경신년(1920) 8월 정부 관련 기관에 쌍사자를 상표로 등록하게 되었다고 썼다. 통표의 설명대로라면 용마동경호는 1920년 이전 차, 쌍사동경호는 1920년 이후 차이다. 등시해의『보이차』(1995) '용마동경호 편'에서는 1920년대 이전에 생산된 용마동경호는 동경노호보이라고 불리며 온전한 통으로는 유통되지 않아 볼 수 없고, 지금은 오로지 낱편만 소량 존재한다.'(1920年以前出廠的龍馬商标普洱茶, 我們称之爲 '同慶老號普洱'. 同慶圓茶留下來的, 數量已經沒有超過一兩筒. 這些茶品都是以單餅出現, 看不到整筒的形態)고 기록했다. 1920년대 이전에 생산된 용마동경호는 직접 본 사람이 극히 드물며, 통표나 내비에 대한 자료도 거의 없다. 현재 시중에 유통 중인 용마동경호는 1920년대 이전 생산된 차가 아닌 1940년대 생산된 차이다. 양개의『호급 골동보이차 사전』에서도 1940년대 이후 생산된 차로 규정한다. 그 이유는 다음과 같다.

첫째, 병면을 보면 발효된 어린 모차를 섞어 긴압했다. 이는 1940년대 이후 제다법이다. 생모차만으로 긴압하면 병면 색상이 윤기가 도는 짙은 군청색이다. 하지만 용마동경호의 병면은 발효된 어린 찻잎에서 나타나는 붉은 색과 어느 정도 자란 찻잎이 발효되었을 때 나타나는 짙은 군청색이 섞여 있다. 둘째, 찻잎 크기가 1920년대 전후 차와는 달리 전체적으로 좀 더 작다. 1920년대 전후 보이차는 병면을 보면 찻잎 크기가 전체적으로 크지만, 용마동경호는 찻잎이 좀 더 작으며 차청茶靑 역시 균일하지 못하고 거칠다. 줄기도 1920년대 차에 섞인 부드러운 줄기가 아니라 딱딱하고 마른 줄기이다. 셋째, 내비의 종

龍馬同慶號
용마동경호

이 두께이다. 1920년대 전후에 생산된 차들은 공통적으로 내비가 매우 얇다. 하지만 용마동경호의 내비는 두껍다. 내비의 종이 재질이 두꺼워지는 시기는 1930년대 이후다. 같은 시기에 내비 글자 크기도 커졌다. 위 세 가지 이유와 맛에서 나타나는 발효 정도를 종합해 판단한다면, 현재 시중에서 유통되는 용마동경호는 대부분 1940년대 이후 생산된 것으로 보는 것이 합리적이다. 시중에서 거래되는 가격 역시 이를 뒷받침해 준다. 그러나 보지 못했다고 해서 1920년대 이전에 생산된 용마동경호가 전혀 없다고 단정 지을 수는 없는 것이다.

보이차가 오래되면 무조건 비싸다는 인식이 있지만 실제로는 그렇지 않다. 차를 만든 방식과 차의 특징에 따라 엄연한 가격 질서가 존재한다. 첫째, 발효시키지 않은 생모차의 원료로 긴압한 차는 가격이 높게 형성된다. 둘째, 발효 시킨 원료[52]로 긴압한 차는 가격이 낮게 형성된다. 또한 현재 시장은 중국 상인들이 주도권을 쥐고 있는데, 그들의 선호도에 따라 가격이 형성된다.

70년대 홍콩 상인들이 생산한 용마동경호 모방품도 시중에 많이 유통되고 있다. 이런 차의 특징은 찻잎이 균일하지 못하고 거칠며, 줄기는 매마르고 억세다. 또 찻잎의 품질이 많이 떨어지며, 병면 색상이 대부분 붉거나 매우 검다. 악퇴발효시킨 모차로 긴압했기 때문이다. 비록 원료나 제다법이 본래의 동경호와는 다르지만 벌써 40년의 세월이 흘렀으니 이제는 제법 나름대로 독특한 맛이 난다. 차의 품질을 판단하면서 가장 잘못된 생각은, 어떤 차를 '좋다, 나쁘다'라는 한마디로 단정 짓는 것이다.

▲　52) 여기서의 발효는 현대의 악퇴 숙차 공법과는 다른 모차가 완성되기 전의 약간의 발효를 말한다.

동창호同昌號 1920~1930 _

'이무동창황기화차장易武同昌黃記花茶莊'이라고 하며 1868년에 설립했다.
동창호는 1920년대를 전후로 생산된 동창호·상황금당同昌號·上黃錦堂과 동창호·황금
당同昌號·黃錦堂가 있으며, 1930년대 생산된 동창호·황문흥同昌號·黃文興이 있다.
동창호·황문흥은 1920년대 생산된 동창호·황금당과 달리 생모차로 긴압된 것이
아니고 어느 정도 발효된 모차로 긴압하여 병면이 두꺼우며 붉은 밤색이다.
전형적인 제다법으로 충실하게 생산된 차이다. 병면을 보면 찻잎 크기,
생모차 긴압, 보관 상태 등에서 최상의 조건을 모두 갖추고 있다. 찻잎은
크고 균일하며 튼실하고 병면 색상은 밝으면서 짙은 군청색을 띤다.
약장향의 풍부한 향과 쓰고 떫은 맛이 조화롭게 어우러지며, 마시고 나면
단침이 풍부하게 고인다. 잔향의 여운이 오랫동안 남으며 열감이
풍부해 온몸으로 차의 기운이 전해진다.

동창호同昌號는 이무의 큰 차장이다. '이무동창황기화차장易武同昌黃記花茶莊'이라고 하며 동치同治 7년(1868)에 설립했다. 1890년 황씨가 이어받아 경영하다가 중화민국 초기에 문을 닫는다. 1921년 황금당黃錦堂이 차장을 재창업하며 1930년 황문흥黃文興이 운영을 이어받았다. 동창호는 1920년대 상표를 그대로 사용하면서 통표에 '황금당근식黃錦堂謹識', 내비에는 '주인 황문흥 근백主人黃文興謹白'이라는 직인을 찍었다. 동창호는 1920년대를 전후로 생산된 동창호 · 상황금당同昌號 · 上黃錦堂과 동창호 · 황금당同昌號 · 黃錦堂이 있으며, 1930년대 생산된 동창호 · 황문흥同昌號 · 黃文興으로 구분한다. 온전한 한 통을 열지 않은 외관만으로는 상황금당과 황금당의 구별이 불가능하다.

동창호 _ 황금당

동창호 · 상황금당과 동창호 · 황금당은 통만 보고 식별하는 게 불가능하다. 오로지 보이차 한 통 속에 있는 통표 내비의 색상을 확인해야 가능하다. 도장을 찍을 때 사용한 염료 색상이 달라 통표와 내비의 색상에서 차이가 나기 때문이다. 상황금당은 통표가 진한 남색이며 내비가 연한 남색이다. 황금당은 통표가 진한 쑥색이며 내비가 연한 쑥색이다. 둘의 통표와 내비는 색상만 다를 뿐 표기된 내용은 동일하다. 통표에는 황금당근식黃錦堂謹識, 매 편의 내비에는 황문흥근백黃文興謹白으로 표기되어

있다. 동창호·상황금당은 한국에 유통된 수량이 전무하며 한국에서는
온전한 통이나 낱편조차 본 적이 없었는데 다행히 홍콩 경매회사에서 보
고 만지며 연구하고 파악할 수 있었다. 동창호·황금당은 비록 적은 수
량이지만 온전한 통과 낱편이 일부 유통되었다. 특이하게도 서울 지역
에서는 동창호·황문흥만 유통되었고 동창호·황금당은 유통되지 않았
지만, 부산 지역에서는 두 종류 모두 유통되었다. 한국에서의 유통 품
목은 홍콩에서 어떤 유통 경로를 거치느냐에 따라 선택할 수 있는 차의
종류가 제한적일 수밖에 없었다.

동창호·황금당은 1920년대 전형적인 제다법으로 충실하게 생산된 차
이다. 병면을 보면 찻잎 크기, 생모차 긴압, 보관 상태 등에서 최상의
조건을 모두 갖추고 있다. 찻잎은 크고 균일하며 튼실하고 병면 색상
은 밝으면서 짙은 군청색을 띈다. 약장향의 풍부한 향과 쓰고 떫은 맛
이 조화롭게 어우러지며, 마시고 나면 단침이 풍부하게 고인다. 잔향의
여운이 오랫동안 남아 기분을 좋게 하며, 열감이 풍부해 온몸으로 차의
기운이 전해진다. 옛날 호급 보이차의 온전한 통은 눈으로 감상만 해도
즐겁다. 작은 한 통에서 뿜어져 나오는 세월의 웅장함, 각 편을 감싼 대
나무 매듭 처리의 정교함을 보고 있노라면 차를 만든 정성스러운 과정
이 선명하게 그려지는 듯하다. 마치 예술품을 감상하는 것처럼 감동과
즐거움이 있다. 찻잎은 어디에서 왔을까? 맛은 어떨까? 향은 어떨까?
이런 질문은 다음 문제이다. 긴 세월 속에서 온전하게 보관된 통의 외
형만 보아도 좋은 것이다. 사물에 대한 경외심이 이렇게까지 생길 수 있
다니, 감탄이 절로 나온다. 사물에 인격이 있다면, 그야말로 골동보이차
는 기품氣品을 지닌 기품奇品이다.

동창호 _ 황문흥

동창호는 1920년대 생산된 동창호·상황금당과 동창호·황금당, 1930년대 생산된 동창호·황문흥同昌號·黃文興으로 구분한다. 차장 새 주인이 승계되면서 차의 명칭이 황금당, 황문흥으로 바뀌었지만, 내비의 '주인 황문흥 근백'은 1920년대부터 그대로 이어내려왔다. 내비의 도장은 연한 남색의 염료를 사용했다. 동창호·황문흥은 1920년대 생산된 동창호·황금당에 비해 병면이 두꺼우며 붉은 밤색이다. 생모차가 아닌 어느 정도 발효된 모차로 긴압했기 때문이다. 찻잎이 붉은빛을 띠는 이유는 위조하면서 살청 전 선발효가 진행되었다는 뜻이다. 동창호·황문흥은 긴압된 느낌이 푸석하다는 것도 이를 뒷받침한다. 푸석한 데는 여러 요인이 있을 수 있다. 동창호·황문흥의 경우는 첫째로 큰 찻잎으로 긴압했고, 둘째로 생모차가 아닌 발효가 진행되어 수분이 증발한 찻잎을 긴압했기 때문이다. 발효시킨 모차로 긴압했다는 것은 맛에서도 증명된다. 이런 종류 차들은 찻잎 크기에 비해 차성이 순하고 부드럽다. 내포성 또한 오래 가지 못하고 맛이 빨리 빠지고 싱겁다. 물론 모차의 발효 정도에 따라 맛에서 약간의 차이가 있을 수 있다. 보이차 병면의 색상은 제다법이나 보관 조건에 따라 달라진다. 발효시킨 찻잎으로 만든 것은 병면이 붉거나 검다.53) 보관 조건에 따라, 붉은색, 허연색, 검은색인데, 공통적으로 윤기가 없다. 차를 우리면 습기에 노출된 정도에 따라 차탕은 검붉은 색이나 짙은 진흑색을 띤다.

현재 보이차 시장에서 형성되는 동창호·황문흥의 유통 가격 역시 이를 뒷받침 해 준다. 예전에 자료가 부족하던 시기에는 '오래된 차는 비싼

차'라는 인식이 있었지만, 현재는 아니다. 차가 어떻게 만들어졌는지, 보관이 잘 되었는지에 따라 상품의 품질이 결정되고 그에 따라 가격 또한 크게 영향을 받는다. 그래서 동창호·황문흥은 1930년대 만들어진 다른 종류의 호급 보이차보다 저렴한 가격에 유통되고 있다. 동창호·황문흥의 또 다른 특징은 내비가 차 속에 파묻혀 있지 않고 대부분 병면 위에 살짝 얹혀 있다는 것이다. 일부 전문가들은 이런 동창호·황문흥을 더 낮게 평가하기도 한다. 현재 유통될 때도 내비가 파묻혀 있는 차가 병면 위에 얹힌 차에 비해 조금 더 비싼 가격에 거래되고 있다. 동창호·황문흥은 서울이나 부산 지역을 통해 비교적 많은 수량이 유통되었다. 낱편 또한 유통된 수량이 많은 편이다. 보관 상태 역시 우수해 습기에 노출된 차들이 별로 없고, 대부분 차의 병면이 깨끗하다. 보관되었던 홍콩 창고의 환경이 비교적 덜 습한 곳이었음을 짐작케 한다. 모든 보이차는 운송과 보관의 용이성 때문에 차의 외형을 죽피로 감싸 포장한다.[54] 죽피는 외부 습기를 차단하면서 내부 습기가 밖으로 빠져나가지 못하게 해 발효가 잘되도록 돕는다. 때로는 죽피를 손으로 만져만 봐도 차 상태의 예측이 가능하다.

53) 어린 잎이 발효되면 변하는 붉은 갈색과 큰 잎이 발효되면 변하는 진갈색을 말한다.
54) 일부 1970년대 초에 생산된 차 중에는 예외도 있다. 그 예로 소황인은 종이 포장이다.

1930년 마정신馬鼎臣이라는 차상이 맹해에서 정흥호鼎興號 차장을 설립했다. 정흥호鼎興號는 남표, 홍표, 자표 세 가지가 있다. 양개의 『호급 골동차 사전-보이차 근원과 변화』에서는 남표는 1930년대 이전 차, 홍표는 1930년대 이후 차로 설명하고 있다. 그러나 두 차 모두 동일하게 1930년대로 판단해야 한다. 그 근거는 내비의 두께, 내비에 인쇄된 글씨체와 글자 크기가 모두 동일하기 때문이다. 1920년대와 1930년대는 보이차 내비의 글자 크기나 인쇄 방법이 서로 다르다. 시중에서 유통되는 가격도 이를 뒷받침한다. 홍표와 남표는 가격은 동일하고 근년에는 오히려 가격이 많이 내렸다. 호급 보이차 중에서 대표적으로 가격 하락폭이 가장 큰 차이다. 중국 정부에서 발표한 보이차의 정의를 보면 보이차의 원료를 반드시 대엽종으로 규정하고 있다. 그렇다면 모든 호급 보이차는 운남성에서 자란 대엽종 찻잎으로만 만들었을까? 다양한 문헌 자료를 통해 알 수 있듯, 소엽종으로 만든 차도 많이 있다. 의방 지역에서 생산된 보이차가 대표적인 소엽종 찻잎이다. 정흥호 역시 찻잎의 산지가 의방 지역이다. 주홍걸의 『운남보이차』의 기록 '명나라 밀기에 많은 사천성 차농이 소엽종 차나무 씨잇을 의방 지역에 심었고, 그 찻잎으로 만든 차는 공차의 원료로 쓰였다. 明朝末年, 大批四川茶農米到倚邦定居, 帶来了小叶种茶籽, 幷在此种植, 將其作爲制作貢茶的原料'로 보아, 운남에서 상당히 오래 전부터 소엽종이 재배되었으며 현대의 보이차 정의와 달리 차나무의 수종을 크게 따지지 않았음을 알 수 있다. 지금도 의방을 비롯해 운남의 여러 지역

鼎興號

정흥호 · 홍표

정
흥
호
·
남
표
鼎
興
號
藍
標

1930년 맹해에서 정흥호鼎興號 차장을 설립했다.
정흥호鼎興號는 남표, 홍표, 자표 세 가지가 있다.
의방 지역에서 생산된 대표적인 소엽종 찻잎으로 만든 보이차.
병면이 두껍고 붉으며 긴압 정도가 푸석하다. 1930년대 유행한 전형적
인 제다법으로 만든 보이차이며 발효도는 동창호·황문흥에 비해 높다.
강한 쓴 맛이 특징이다.

鼎 興 號 藍 標

정 흥 호 · 남 표 통

에서 소엽종, 대엽종 찻잎을 사용해 보이차를 만들고 있다. 과거에는 녹차와 같이 갓 만든 햇차를 주로 소비하다 보니, 당장 마시기에 적합하고 순한 차가 고급 차였고 좋은 차에 속했다. 운남성 의방 지역의 소엽종 찻잎은 단맛을 내는 아미노산 성분이 많고, 쓰고 떫은 맛의 폴리페놀 성분이 적다. 향기도 대엽종보다는 상대적으로 진하기 때문에 의방 지역의 소엽종 찻잎으로 만든 보이차는 향이 좋고 맛이 부드럽다. 아마도 그 시대 사람들이 선호하는 차 맛이었으니 공차로 지정되고 북방 지역에서도 인기가 있었다. 혹자는 차나무 찻잎이 작은 것을 소엽종, 찻잎이 큰 경우를 대엽종으로 안다. 그러나 소엽종과 대엽종은 찻잎 크기 차이가 아니라 엄연히 품종의 차이다. 어느 정도 자란 찻잎으로 보이차를 만들면 두 종류의 구별이 쉽지 않다.

정흥호 역시 동창호·황문흥과 마찬가지로 차의 병면이 두껍고 붉으며 긴압 정도가 푸석하다. 1930년대 유행한 전형적인 제다법에 따라 만든 보이차의 특징이다. 다만 찻잎의 발효도가 동창호·황문흥에 비해 높다. 병면의 찻잎 색상이 더 붉은 것이 그 때문이며, 약간 얇은 듯 순한 차 맛이 이를 뒷받침한다. 한국에는 정흥호·홍표가 남표보다 적게 유통되었다. 홍표와 남표는 보관 상태에 따라 병면의 색상이 밝고 붉은빛을 띠며 윤기가 있는 차와 습기에 노출되어 윤기가 없고 어두운 빛이 나는 차가 있다.

정흥호는 동창호·황문흥과 더불어 1930년대 생산된 대표적인 차이지만, 차의 맛이나 품질에서 고급 보이차라고 하기에는 다소 격이 떨어진

정흥호 · 자표

▶　55) 차의 기운.

다. 보이차가 유통되기 시작한 1990년대 초에 이미 30년이란 세월이 흐른 정흥호는 차성이나 차기茶氣[55]가 많이 약해졌다. 보이차도 맛이 가장 좋은 시기가 있다. 현재 정흥호는 이미 맛의 정점을 지났다고 볼 수 있다. 생차든 숙차든, 차가 지니고 있는 맛의 정점을 파악하고 마셔야 한다. 보이차를 언제 마셔야 할지, 시불가실時不可失의 지혜를 깨닫게 하는 차가 정흥호가 아닌가 싶다.

1921년 설립된 경창호차장敬昌號茶莊은 강성江城 지역에서 가장 크고 유명한 차장이었다. 《운남성차엽진출구공사지雲南省茶葉進出口公司志(1938-1990년)》[56] 153쪽에 보면 '청 광서 연간 상인들은 보이차를 수출했다. 해외에 기관을 설립했다. 경창호가 강성에서 칠자병차를 만들어 라오스로 운송하고 나무배로 베트남, 태국을 거쳐 홍콩으로 수출했다.'라고 되어 있다. 경창호敬昌號는 내비에 붉은 글자로 경창자호를 새겼고 정밀한 공법으로 유념하여 만든다. 보이정산의 공차를 알리며 내비를 표기로 인식하기 바란다. '敬昌字號, 精工揉造; 普洱正山, 貢茶諸君; 賜顧請認, 内飛为記'라고 쓰여 있다.

경창호와 강성호는 1940년대를 대표하는 보이차로 거래 가격이 동일하다. 긴압된 모차의 등급이나 찻잎을 섞은 비율이 비슷해 내비가 없다면 육안으로 두 종류를 구별하기 힘들 정도로 비슷하다. 그 이유는 생산 지역 때문이다. 경창호와 강성호는 차창이 모두 강성에 있다. 두 차창은 같은 산지의 원료를 사용하고 제다법도 공유했을 것이다. 오랜 세월이 흐른 지금도 맛과 향에서 약간의 차이만 있을 뿐 비슷한 특징이 많아, 시중에서는 이 차들을 일컬어 쌍둥이품, 자매품이라고 표현한다.

경창호는 직사각형의 내비에 글자 크기가 작은 소비판. 정사각형의 내비에 글자 크기가 큰 내비판 두 종류가 있다. 경창호·대비판은 국내에선 유통 수량이 적어 만나 볼 기회가 거의 없다. 하지만 경창호·소비판은 제법 많은 수량이 온전한 통 또는 낱편으로 유통되었다. 유통 과정에서 소비판은 소내비·경창호, 대비판은 대내비·경창호라고 부른다.

경창호는 맛과 향이 독특한 풍미를 지니고 있다. 1990년대 초에 호급 보이차가 유통되던 당시에는 용마동경호를 '차중지후茶中之后'[57]라고 불렀다. 그러나 30년 세월이 흐른 현재, 보이차의 차중지후는 경창호 라고 칭해야 할 것이다. 많은 연구와 자료들을 통해 경창호에 대한 새 로운 사실들이 규명된 것도 있지만, 차중지후에 어울리는 고급 보이차 의 격에 맞는 독특하고 고유한 카리스마가 있기 때문이다. 1990년 초 홍콩 창고에서 경창호가 처음 나올 때는 복원창의 두 배 가격에 판매되 었다. 적은 수량을 시중에 풀어 소비자 반응을 살피며 가격을 조절했기 때문이다. 경창호는 다른 보이차에 비해 유달리 모방품이 많다. 1970 년대, 1980년대, 1990년대 시대별로 다양한 모방품이 만들어졌다. 모 방품에는 시대별로 유행하던 제다법이 그대로 적용되었다. 1970년대 모방품은 발수발효시킨 찻잎으로 만들었고, 1980년대 이후 모방품은 악퇴발효를 시킨 찻잎으로 만들었다. 발수발효 차의 병면은 붉고 악퇴 발효의 병면은 붉거나 검다. 악퇴발효의 기술 개발 초기에는 악퇴발효 를 약하게 하다가 세월이 지나면서 점차 악퇴발효를 강하게 진행해서 색상이 다를 것이다. 동일한 악퇴발효를 거쳐도 발효 정도에 따라 색 상 차이가 난다.

▲   56) 중국 외무성 편찬 지방지로, 1993년 12월
     에 운남인민출판사에서 발행하였다.
     57) 골동보이차의 황후

경창호敬昌號

경창호 정면

경창호 뒷면

1921년 설립된 경창호차장敬昌號茶莊은 강성江城
지역에서 가장 크고 유명한 차장이었다. 1940년대
의 대표적인 차로 경창호와 강성호가 있다.
경창호는 직사각형의 내비에 글자 크기가 작은
소비판. 정사각형의 내비에 글자 크기가 큰
내비판 두 종류가 있다.

경
창
호
대
비
판

일반적으로 보이차 병면에서 보이는 줄기 부분을 여러 번 우려 내 관찰하면 제다법에 따른 차이를 볼 수 있다. 생차로 긴압해 만든 보이차는 꽤 오랜 세월이 지나도 우린 후의 줄기가 탄력이 있고 부드럽다. 하지만 줄기가 딱딱하면서 나무토막 같은 느낌이 난다. 이는 발효된 모차를 사용한 차는 발효 과정에서 수분이 증발해 줄기가 딱딱하게 변했기 때문이다. 부드러운 줄기에 함유된 단백질 성분은 발효를 통해 당질糖質 성분으로 바뀌어 생차나 숙차에서 공통적으로 풍부한 단맛을 낸다. 다만 숙차는 차탕이 달고, 생차는 마신 뒤 단침이 풍부하게 고인다.

_ 강성호

강성江城은 운남의 남부에 위치하고 있으며 이선강李仙江, 만로강曼老江, 맹야강猛野江에 에워싸여 있다. 이선강은 베트남 북부의 하노이, 하이퐁으로 통하고 서쪽으로는 이무, 만쇄曼洒로 서남쪽으로는 라오스, 태국으로 통한다. 독특한 지리적 여건으로 강성은 1930년대 차엽 운송과 생산의 중요한 곳으로 자리 잡았다. 강성호江城號는 경창호와 더불어 1940년대 대표적인 보이차이다. 운남의 남부 난창강瀾滄江 하류 동쪽 지방인 강성에서 생산했다. 강성호 통표의 마지막 문구에 보이구 강성차장普洱區江城茶莊이라고 생산지가 표기되어 있다. '보이구'라는 지명을 1950년대 초부터 사용했기 때문에 1950년대 초기차라고 주장하는 일부 연구자도 있지만,『호급 골동차 사전-보이차 근원과 변화』를 쓴 양개를 비롯해 여러 전문가들은 1930년 이전에도 보이구라는 명칭을 사용했다고 설명하고 있다. 강성호와 경창호가 1940년대를 대표할 수 있는 좋은 보이차가 된 이유는 여럿이지만 그중 한 가지는 모차의 찻잎이 매우 우수하다는 것이다. 좋은 보이차로 후대에 재탄생하기 위해서는 다음과 같은 조건을 반드시 갖춰야 한다. 첫째, 원료가 되는 모차가 우수해야 한다. 즉, 찻잎이 크고 균일하면서 차성이 풍부해야 한다. 둘째, 생모차를 사용해야 한다. 셋째, 최적의 조건에서 발효가 이루어져야 한다. 적당하게 미생물이 활동할 수 있도록 온도와 습도가 충족되는 공간이 필요하다.

현재 유통 과정에서 보면, 오래된 호급 보이차라고 해서 무조건 높은 가치를 평가받고 고가에 거래되는 것은 아니다. 1930년대 생산된 동창호·황문흥이나 정흥호·홍표와 남표는 경창호나 강성호에 비해 상대적으로 매우 낮은 가격에 거래된다. 맛은 각자 기호嗜好에 맞추는 것

강성호江城號 1940년대 _

경창호와 더불어 1940년대 대표적인 보이차이다.
운남의 남부 난창강瀾滄江 하류 동쪽 지방인 강성에서 생산했다.
내비가 없고 찻잎이 길쭉하며 병면이 검붉은 색을 띠며 밝다.
또 가운데 배꼽 부분이 얇아 구멍이 나 있는 것도 많다.

강성호 통표

강
성
호
통

강
성
호
江
城
號

이기 때문에 어느 것이 좋다고 단정하기는 어렵지만, 가격이 높게 형성된 차들은 대개 강렬하면서도 살아 있는 맛을 낸다. 강성호 역시 이러한 조건에 충족되기 때문에 고가에 거래되고 있다.

강성호는 다른 호급 보이차와 달리 통표만 있고 내비가 없다. 통표에는 '보이원차는 명성이 널리 알려져 강만(港湾, 현 홍콩) 등지에 판로가 넓다. 지금 다시 우수雨水 전 여린 싹을 선별해 국내외 수요에 부합되게 정제하고 포장했으니 경제 번영을 이루도록 노력하겠다. 보이구강성차장. (普洱圓茶, 遠近馳名, 曾經暢銷港湾一带. 現復選摘雨前嫩蕊, 加一提制, 認眞包裝, 定符國內外之需要. 繁荣經濟, 有利賴焉. 普洱區江城茶莊)'라고 쓰여 있다.

비록 내비는 없지만 강성호를 많이 만져 본 마니아들은 손쉽게 진위 여부를 가린다. 강성호의 특징은 찻잎이 길쭉하며 병면이 검붉은 색을 띠며 밝다. 또 가운데 배꼽 부분이 얇으며 심지어 구멍이 나 있는 것도 많다. 보이차를 전문적으로 취급하는 상인이나 마니아 들은 병면 찻잎이나 모양, 색상, 상태만 봐도 진위 여부를 구별할 수 있지만, 일반인들에게는 당연히 어려운 일이다. 1990년대 말, 홍콩 관광지의 백화점이나 보이차 전문점에서 관광객들에게 70~80년대 만든 강성호 모방품을 많이 판매했다. 필자는 개인이 소장한 보이차의 위탁판매 또는 감정을 종종 부탁받는다. 홍콩 여행길에서 구입한 호급 보이차는 거의 모방품일 뿐만아니라 중국 고위급 간부에게 선물받았다는 특별한 차도 시중에서 판매되는 일반수준의 보이차일 수 밖에 없었다. 보이차를 감정하기 위해서는 시대별 호급 보이차의 특징을 알아야 하고, 명칭과 원료에 대한 이해도 있어야 하며, 시대별 종이 재질의 차이도 알아야 한다. 그 외에도 수없이 많은 종류의 보이차를 연구하고 맛보며 축적된 경험이 있어야 정확한 감정을 할 수 있다.

동창호는 1949년에 차장 주인이 바뀌면서 동창황기同昌黃記로 명칭을 변경한다. 동창황기는 한국으로 수입되던 초기에는 1940년대 차라고 알려졌지만 실제로는 1960년 전후 생산된 차이다. 동창호는 황금당, 황문흥의 통표나 내비를 통해 주인을 알 수 있지만, 동창황기의 주인은 자료가 부족해 누구인지 알 수 없다. 동창황기 내비에는 동창호처럼 연한 남색으로 '동창황기 주인 근백同昌黃記主人謹白'이라고만 쓰여 있다. 동창황기는 남표와 홍표가 있다. 두 종류는 생산 시기가 비슷하나 남표가 홍표보다 품질이 우수하다. 긴압된 병면을 살펴보면, 1930년대 생산된 동창호에 비해 찻잎 크기가 작고 길이도 짧다. 색상은 검은빛을 띈다. 동창황기는 동창호를 이어받아 생산되었으니 품질의 연속성을 유지해야 마땅하나 제다법이나 찻잎의 원료 등에서 차이가 있다. 1930년대 이전에는 발효를 전혀 시키지 않은 생모차의 원료로 긴압했지만, 1930년대 이후 약간의 발효를 진행한 모차로 긴압했고, 1940년대 이후 좀 더 어린 찻잎을 원료로 사용하게 되었고, 1950년대 이후에는 발효시킨 숙모차로 긴압했다. 이는 시대에 따른 제다법 트렌드가 변한 것으로, 이를 '맞다, 틀리다'로 받아들여서는 안 된다. 보이차 생산에서 1950년대는 중요한 시기이다. 중국이 공산화되면서 차 산업의 국유화가 이뤄지고 개인적인 차 생산이 금지됐기 때문이다. 이 시기에 중국 정부에서 계획적으로 생산한 대표적인 차가 홍인이다.

보이차 생산과 공급에 변화가 생기자, 홍콩 상인들은 새로운 보이차 생산지를 찾기도 했다. 운남에서 차를 원활하게 공급하지 못하자, 보이차를 생산할 수 있는 태국이나 베트남 등지로 눈을 돌렸다. 또한 홍콩에서는 차의 소비 트렌드가 변화하는 중요한 시기였다. 발효된 차를 원하는 소비문화로 인해 차가 빨리 발효되게 하는 다양한 방법을 시도하기 시작했다. 동창황기는 한국에 보이차가 수입되던 1990년 초에 비교적 온전한 통으로 많은 수량이 유통되었다. 갈수록 공급량이 부족해지다 보니 1990년대 말에는 온전한 통보다는 낱편으로 많이 유통되었다. 전체적인 물량은 다른 호급 보이차에 비해 비교적 많다. 차의 생산 시기가 비교적 가까운 1960년 전후이다 보니 많은 수량의 차가 존재한다. 1960년 전후로 생산된 동창황기·홍표는 홍콩 상인들에 의해 만들어졌다. 전체적인 병면 색상이 붉으며 약간의 백상白霜[58]이 있다. 발효시킨 차로 긴압해 찻잎 형태가 뚜렷하지 못하며 전체적으로 약간 뭉개져 있다. 내비 종이 재질의 두께도 차이가 나며 좀 더 두껍다.

◀

58) 그대로 풀면 ˝흰 서리˝라는 뜻으로 차 병면에 생긴 희끗한 흔적을 말한다. 매주를 띄울때 생기는 흰 곰팡이와 유사하다. 보관시 습도의 영향에 의해 생길수 있다. 습도가 낮아지면 사라지거나 습기가 있는 창고에서는 발생하지 않다가 건조한 곳으로 옮겨졌을때 생기기도 한다.

同昌黃記・藍標
동창황기・남표

동
창
황
기
통

동창황기同昌黃記 1960년전후

동창호는 1949년에 차장 주인이 바뀌면서 동창황기同昌黃記로 명칭을
변경한다. 동창황기는 남표와 홍표가 있다. 1930년대 생산된 동창호에
비해 찻잎 크기가 작고 길이가 짧으며 색상은 검은 빛을 띤다. 동창호를
이어받았으나 제다법이나 찻잎의 원료 등에서 연속성이 거의 없다.

건리정송빙호 · 백지

건리정송빙호 · 백지乾利貞宋聘號 · 白紙는 1960년대 생산된 보이차다. 1950년 전까지 생산된 보이차는 낱편 포장지가 없었다. 매 편마다 포장하게 된 것은 1950년대 홍인이 생산된 이후이다. 건리정송빙호 · 백지는 낱편을 아무 인쇄도 하지 않은 흰 종이로 싸서 '백지'란 이름이 붙었다. 죽피에는 건리정이라는 도장을 찍었다. 1960년대 생산된 건리정송빙호 · 백지는 1920년대 생산된 송빙호와 이름만 동일할 뿐 품질은 연관성이 없다. 제다법이나 원료와 산지 등이 전혀 다른 차이다. 1920년대 송빙호는 엄연히 고급 보이차에 속하지만, 1960년대 송빙호는 모든 면에서 대표적인 호급 보이차로 보기에 무리가 있다. 1960년대 건리정송빙호 · 백지는 태국에서 긴압해 생산한 보이차로 태창건리정송빙호泰廠乾利貞宋聘號라고도 한다. 중국 공산화 이후 보이차의 생산이 국가 통제하에 이루어지자, 건리정송빙호는 원활한 생산을 위해 공장을 태국으로 옮기고 변방 지역의 찻잎을 원료로 사용했다. 흔히 알려진 홍창호도 운남성에서 생산한 것은 홍창호鴻昌號라고 부르지만, 공장을 태국으로 옮긴 뒤 생산한 것은 홍태창鴻泰昌이라고 한다. 건리정송빙호 · 백지는 발효시킨 모차로 긴압했다. 원료가 되는 모차의 능급은 고급이 아닌 품질이 떨어지는 찻잎이며, 병면 색상은 매우 검은 빛이다. 차탕은 서너 번까지 숙향과 숙미가 나며, 이후에는 생차 고유의 향도 올라온다. 약하지만 고삽미苦澁味[59]가 있으며 탕색은 진흑색이고 회감回甘[60]이 좋아 단침이 고인다. 건리정송빙호 · 백지는 특히

건리정 송빙호 백지 통표

충시蟲屎61)가 많다. 정확한 이유는 알려지지 않았지만, 수많은 골동보이차를 유통시키며 홍콩 창고를 수차례 방문한 경험상, 아마도 창고 환경 때문인 것 같다. 흥미롭게도 충시가 많은 차들은 보기와 달리 특별한 맛이 있다. 찾는 이도 많아 따로 모아서 충시차로 판매하기도 한다. 충시차는 특히 기혈氣血을 원활하게 하는 효과가 탁월해 감기에 좋다고 알려져 있다. 1950년대 이후 변방 지역의 찻잎을 원료로 긴압한 차의 병면을 살펴보면, 특이하게도 차나무 꽃씨가 들어 있다.

▲

59) 쓰고 떫은 맛.
60) 차를 마신 뒤 쓴 맛과 떫은 맛 뒤로 혀 밑에 침이 고이면서 돌아오는 단맛.
61) 여기서 말하는 충시는 골동보이차에서 생기는 벌레의 배설물을 말하는데, 보관 상태에서 습기에 노출되면 생긴다. 원인은 알 수 없으나 백지 송빙호에 유난히 많이 생겼다.

건리정송빙호 · 백지乾利貞宋聘號 · 白紙 1960년대

1950년 전까지 생산된 보이차는 낱편 포장지가 없었다. 매 편마다 포장하게 된 것은 1950년대 홍인이 생산된 이후이다. 건리정송빙호 · 백지는 낱편을 아무 인쇄도 하지 않은 흰 종이로 싸서 '백지'란 이름이 붙었다. 죽피에는 건리정이라는 도장을 찍었다. 건리정송빙호 · 백지는 1920년대 송빙호와 이름만 동일할 뿐 아무런 연관성이 없다. 발효시킨 모차로 긴압했으며 차 품질이 좋지 않다. 병면 색상은 매우 검은빛이다. 차탕은 서너 번까지 숙향과 숙미가 나긴 하나 생차 고유의 향도 올라온다. 약하지만 고삽미苦澁味가 있으며 탕색은 진흑색이고 회감回甘이 좋아 단침이 고인다. 건리정송빙호 · 백지는 특히 충시蟲屎가 많다.

건
리
정
송
빙
호
·
백
지
통

건리정송빙호 · 백지는 다른 호급 보이차에 비해 비교적 많은 수량이
유통되어 지금도 소장하고 있는 사람이 꽤 있다. 그러나 안타깝게도 내
비의 색상이 비슷해서 1960년대 건리정송빙호 · 백지를 1920년대 송
빙호.남표로 잘못 알고 소장하고 있는 사람도 있다.

사보공명思普貢茗은 1950년대 말에 생산된 차로 변방 지역의 찻잎을 사용해 태국에서 긴압했다. 발효된 모차를 사용해서 건리정송빙호·백지와 마찬가지로 병면 색상이 검은빛을 띈다. 사보공명의 '공貢'자는 황실에 진상했던 차란 뜻일까? 청나라는 개토귀류改土歸流[62] 정책을 펴서 6대 차산에 거주하고 있던 토착 세력을 몰아내고 중앙 정부에서 관리를 파견해 차의 생산을 관할했다. 이 시기부터 황실에 보이차를 진상하기 시작했으며, 공차 제도는 청나라가 멸망하는 1912년까지 유지되었다. 일부 호급 보이차 이름의 '공貢'자는 황실에 진상했던 공차와 글자만 같을 뿐 상품성을 높이기 위해 붙인 이름이다. 사보공명도 그 중 한 종류이며 복록공차福祿貢茶, 광운공병廣云貢餅 등도 나라에 진상했던 차는 아니다. 사보공명도 건리정송빙호·백지처럼 병면이 검은빛이다. 제다법이 비슷하기 때문인데, 변방 지역의 찻잎을 운송하는 과정에서 부피를 줄이고 파손을 방지하기 위해 찻잎이 담긴 자루 속에 물을 뿌렸기 때문이다. 변방 지역 찻잎의 특징은 수분 함량이 조금만 높아도 색상이 매우 빨리 검어진다는 것이다.

이 과정에서 경발효輕發酵 즉 약하게 발효가 진행되는데, 이것을 모차로 긴압한 뒤 마지막 건조 과정에서 홍건烘乾[63]을 해서 병면 빛깔이 검다. 사보공명은 차의 보관 상태에 따라 맛의 편차가 크다. 수많은 사보공명

▼　　62) 1728년-1736년 소수 민족 지역으로
　　　　중앙에서 임명한 관리를 파견한 정책.
　　63) 불을 쬐어 건조시키는 것.

사
보
공
명

思
普
貢
茗

사보공명思普貢茗 1950년대 말

변방 지역의 찻잎을 사용해 태국에서 긴압했다. 발효된 모차를 사용하여 건리정
송빙호 · 백지와 마찬가지로 병면 색상이 검은빛을 띤다.
잘 보관된 차는 탕색이 맑고 진갈색에 장향이 나며 고삽미가 풍부하고 조화로운
맛에 기운은 강렬하다. 습기에 노출된 차는 약장향이 나며 탕색이 진흑색을 띠고
맛은 부드러우나 싱겁고 바디감이 얇고 회감이나 차기는 떨어진다.

을 만져 보고 마셔 본 결과, 잘 보관된 차와 습기에 노출된 차는 향과 맛에서 확연히 차이가 난다. 잘 보관된 차는 탕색이 맑고 진갈색에 장향[64]이 나며 고삽미가 풍부하고 조화로운 맛에 기운은 강렬하다. 반면에 습기에 노출된 차는 약장향이 나며 탕색은 진흑색이다. 맛은 부드러우나 싱겁고 바디감이 얇고 회감이나 차기는 떨어진다. 숙차나 입창차[65]는 차탕이 반드시 진한 진흑색을 띈다. 숙차나 입창차라도 오랜 세월을 거치면 만든 지 몇 해 되지 않은 것과 탕색이 다르다. 오래되면 더욱 깊고 맑은 진흑색이고, 그렇지 않은 것은 어둡고 탁한 진흑색이다. 현재 호급 보이차 시장에서 사보공명은 인기가 없으며 가격 역시 높지 않다. 호급 보이차가 유통되던 초기에는 사보공명, 건리정송빙호·백지, 맹경원차猛景圓茶 등이 무지홍인無紙紅印보다 높은 가격에 판매되었다. 하지만 현재는 무지홍인의 절반도 안되는 가격에 거래되고 있다. 찻잎의 원료나 제다방법이 운남이 아니라는 것이 이유인데, 품질 대비 가격이 너무 낮다. 가격 형성 측면에서, 현재 중국이 노차 시장의 주도권을 쥐고 있다는 점을 고려해야 한다. 사보공명의 가격 형성은 품질이나 맛과는 무관하게, 주도권자의 선호도에 따라 가격이 결정될 수 있음을 보여 준다.

▲　　64) 떫고 쓴 맛이 발효되었을때 나는 독특한 향.
　　　　65) 인위적으로 습·온도를 조절하는 창고에서 보관한 차

_ 복록공차

복록공차福祿貢茶는 1950년대 말에 생산된 차로, 운남성 봉산鳳山 차산의 찻잎으로 태국에서 긴압한 차이다. 봉산은 운남 중서부에 위치하며 봉경시鳳慶市에 속한다. 복록공차의 '공貢'도 나라에 진상했던 공차라는 뜻은 아니고 차의 상품성을 높이기 위한 표현이다. 복록공차는 운남성 봉산 차산에서 딴 찻잎을 난창강 뱃길을 따라 태국으로 운송한 뒤 방콕에서 긴압하고 홍콩에서 판매처를 찾았다. 선뜻 차를 구입하려는 차루가 없었는데 그나마 헐값으로라도 육우차루에 넘길 수 있었다. 1980년대 말 육우차루의 창고에서 나온 복록공차는 임기원차행林奇苑茶行에서 전량 구입해 유통시켰다. 임기원차행은 1950년대 초에 설립되어 1980년대 말까지 화차, 무이암차 등을 취급하는 중국차 유통 업체였다. 부산의 녹백다장 최윤석 대표와의 인연으로 보이차를 알게 된

복록공차통

복록공차福祿貢茶 1950년대

운남성 봉산鳳山 차산의 찻잎으로 태국에서 긴압한 차이다.
복록공차는 대부분이 보관 상태가 좋은 편이며 편당 무게가 360g 전후로 다른 호급
보이차에 비해 무겁다. 병면은 윤기 나고 짙은 검붉은 색을 띠며, 차탕은 약장향이 풍
부하며 탕색은 맑은 진홍색이다. 쓴 맛과 떫은 맛이 매우 강렬해, 마시고 나면 입안에
단침이 풍부하게 감돈다. 찻잔의 잔향은 은은한 탄배향炭焙香이 일품이다.

福祿貢茶
복록공차병면

복
록
공
차

福
祿
貢
茶

복록공차 뒷면

뒤 보이차 전문점으로 전향했다. 현재 홍콩의 대표적인 보이차 전문 업체가 한국 상인의 영향을 받아 시작했다는 사실은 매우 흥미로운 에피소드가 아닐 수 없다.

복록공차는 비슷한 시기에 생산된 사보공명, 송빙호, 맹경원차 등과 달리 무지홍인보다 조금 낮은 가격에 거래되고 있다. 운남의 생모차로 긴압했기 때문이다. 국내에서 비교적 많은 수량이 유통되었는데, 차의 보관 상태가 좋은 편이며 대부분 편당 무게가 380g 전후로 다른 호급 보이차에 비해 무겁다. 병면은 윤기가 나고 짙은 검붉은 색을 띠며, 차탕은 약장향이 풍부하며 탕색은 맑은 진갈색이다. 쓴 맛과 떫은 맛이 매우 강렬해, 마시고 나면 입안에 단침이 풍부하게 감돈다. 호급 보이차나 인급 보이차를 즐기는 방법 중 하나는 차를 다 마신 후 찻잔 속에 남은 잔향을 즐기는 것이다. 복록공차의 잔향은 은은한 탄배향炭焙香이 일품이다. 복록공차에게 우리가 배워야 할 점이 있다. 1950년대 말에 생산되어 처음 유통되기 시작한 1990년대만 해도, 복록공차는 이미 40년가량의 세월이 흘렀지만 여전히 지나치게 강한 쓴 맛 때문에 소비자들에게 외면을 당했다. 30년 동안 더 발효가 된 지금은 강한 쓴 맛이 적당해지며 전체적으로 순해지고 맛이 좋아졌다. 세월이 지나면서 차의 품질이 달라진다는 것, 발효되어 적당히 익는 시점은 차마다 다르다는 것을 여실히 보여 준 것이다. 차는 당장 마실 차와 세월을 두고 발효시킬 차를 구분해 선택해야 한다. 당장 마실 차라면 현재 마시기 좋은 차를, 세월을 두고 발효시킬 차라면 부드럽고 순한 차보다 조금 강한 차를 선택하는 것이 좋다. 세월이 지나면 더욱 맛있게 변한다는 것을 반드시 고려해야 한다. 이미 발효가 적당히 된 차는 더 이상 수분이 증발되지 않도록 가급적 깨끗한 비닐봉지에 밀봉해 보관하는 것이 좋다.

맹경원차猛景圓茶는 일부 자료에서 1930~1940년대 차로 알려져 있지만, 1950년대 이후 변방 지역의 찻잎으로 생산된 차로 판단된다. 1950년대 차로 판단하는 근거는 제다법과 차의 보관 상태, 발효 정도를 종합한 결과이다. 첫째, 1950년대 변방 지역의 찻잎을 사용했을 때 나타나는 병면의 색상과 동일한 검은빛을 띈다. 둘째, 유독 백상이 심하고 표면의 색 또한 선명하지 못하다. 그 이유는 1950년대 이후 홍콩의 가옥 구조 특징 때문인데, 이는 '인급 보이차'편에서 설명하겠다. 셋째, 발효 정도가 1950년대 이전 차에 미치지 못한다. 중국은 공산화 이후 사회적으로 혼란의 시기를 겪었다. 차 업계도 마찬가지였다. 소량이지만 개인 차장에서 생산한 호급 보이차와 국영 차창에서 생산한 인급 보이차가 동시에 존재했다. 이 시기에 생산된 호급 보이차들은 대부분 인급 보이차보다 훨씬 낮은 가격에 거래되었다. 그 이유는 보이차 생산지인 운남의 사회, 정치, 문화적 변화로 인해 찻잎의 공급이 원활하지 못하자 변방 지역의 찻잎을 조달해 원료로 사용했으며, 운송 과정에서 발효된 찻잎으로 긴압했기 때문이다. 1950년대 이후 생산된 건리정송빙호·백지, 사보공명, 맹경원차 등도 마찬가지다. 1950년대 이후에는 보이차의 최대 수요처인 홍콩에서 소비 형태가 변화한다. 기존에 마시던 생차의 강한 맛보다 좀 더 순하고 부드러운 차 맛에 대한 수요가 늘면서 발효시킨 모차의 원료로 만든 차들이 인기를 얻고 수요가 늘어나게 된다. 이에 따라 자연스럽게 제다법의 트렌드가 변화했다. 맹경원차는 한국에 적은 수량만 유통되었다.

맹경원차 猛景圓茶

맹경원차 통

맹경원차猛景圓茶 1950년대 _

변방 지역의 찻잎으로 생산된 보이차다.
대부분 맹경원차는 보관상태가 좋지 않아 백상이 심하고
병면은 윤기 없고 검으며 찻잎은 대체로 균일하지 않고
거칠다. 탕색은 진갈색이나 진흑색이며, 약한 고삽미에
장향과 난향이 동시에 나고 약하게 단 침이 올라온다.

온전한 통은 극소량이었고 낱편만 유통되었을 뿐이다. 1990년 초반 국내에 호급 보이차가 유통되던 시기에 맹경원차는 크게 인기가 없었다. 이유는 백상이 많고 맛이 심심하며 숙차 맛에 가까웠기 때문이다. 1950년대 생산된 다른 호급 보이차에 비해 국내 유통 수량이 매우 적은 편이며, 지금까지 호급 보이차 시장에서 소비자에게 가장 외면을 당하는 대표적인 차이다. 가격 역시 1970년대 생산된 숫자급 보이차 가격과 거의 비슷하다.

맹경원차의 병면은 윤기가 없고 검으며 찻잎은 대체로 균일하지 않고 거칠다. 탕색은 진갈색이나 진흑색이며, 약한 고삽미에 장향과 난향이 동시에 나고 약하게 단침이 올라온다. 호급 보이차로서는 고급 차에 해당하지 못하지만, 그렇다고 해서 맛이 숫자급 보이차보다 뒤떨어지지는 않는다.

▶

66) 표고버섯의 중국식 표현.
67) 티베트인들을 장족(藏族), 그들이 마시는 차를 장차라 한다.
　　주로 강전(康磚)과 금첨(金尖) 등이다.

정흥긴차鼎興緊茶와 맹경긴차勐景緊茶를 통칭해 말대긴차末代緊茶라고 한다. 국내로 수입되던 초기에는 '말대긴차' 외에 표고버섯처럼 생겼다고 해서 '향고香菇'[66], '버섯차'라는 이름도 혼용되었다. 짧게는 '긴차'라고 부른다. 생산 연대가 분명하지 않고 청 말기에 만들어졌을 것으로 추정되어 말대긴차라는 이름이 붙었으나, 1940년대 전후 생산된 차로 판단한다. 그 이유는 제다법이다. 정흥긴차와 맹경긴차는 약간 선발효를 진행시킨 모차로 긴압했으며, 외형 병면이 붉은색을 띈다. 선발효 시킨 모차를 긴압해 차를 생산한 시기는 1930년대 이후이다.

현재 유통되고 있는 말대긴차는 홍콩이 아닌 티베트 지역 수출용이다. 그렇지만 정작 해당 지역에서는 단 하나의 골동 긴차도 발견되지 않았으며, 현재 유통되는 말대긴차는 모두 홍콩 창고에서 나온 것이다. 티베트로 수출하던 중에 일부 수량이 홍콩으로 수출되었고, 창고에 방치된 채 오랜 세월이 지나 1990년대에야 세상 밖으로 나온 것이다. 티베트 수출용이라는 것은 생산될 당시 고급 차가 아니었음을 뜻한다. 티베트는 고급 차가 아닌 주로 저렴한 차가 소비되는 지역이다. 보이차도 수출되긴 했지만 사천성 아안雅安을 지나는 차마고도로는 주로 장차藏茶[67]가 다량 수출되었다.

티베트에서 고급 차로 취급되던 보이차는 신분이 높은 계층에 속하는 승려들이 주로 소비했는데, 긴차 병면을 보면 보이차도 등급이 낮은 찻잎으로 만들었다. 정흥긴차와 맹경긴차는 내비가 차에 파묻혀 있거나 병면 위에 얹혀 있어, 내비에 따라 구별이 가능하다. 하지만 유통되는 긴차 중에서는 내비가 없는 차들도 다수 있다. 그럴 때는 맛으로 평가할 수밖에 없다. 맹경긴차에 비해 정흥긴차가 맛이 깔끔하고 담백하다. 내비는 유통 과정이나 보관 중에 떨어졌을 수도 있지만, 의도적으로 내비를 넣지 않았을 가능성도 배제할 수 없다. 정흥긴차와 맹경긴차는 처음 만들어질 당시 무게는 250g이었다. 하지만 워낙 오랜 세월이 지나다 보니 현재는 차의 무게에 편차가 있다. 매우 잘 보관된 차는 200g 넘게 나가고, 대부분은 온전한 형태로 200g 전후이며, 일부는 형태가 온전하지 못하거나 무게가 160~170g 정도밖에 나가지 않는다. 호급 보이차는 대부분 무게가 일정하지 않고 편차가 있다. 생산당시 수작업의 특성상 애초에 차의 무게가 동일하지 않았을 수도 있다.

정흥긴차와 맹경긴차는 한쪽 부분에 눌린 자국이 있다. 긴차 형태의 특징상 긴압 후 건조 과정에서 자연스레 한쪽 부분이 눌릴 수밖에 없다. 눌린 자리는 통풍이 되지 않아 정상적인 발효가 아닌 탄화炭化가 되어 있다. 눌린 부분의 탄화된 차만 떼어 차를 우려 보면 맛이 얇고 싱겁다. 탄화되어 비정상적인 발효가 이뤄지다 보니 차의 성분들이 침출되지 않았기 때문이다. 정흥긴차와 맹경긴차의 또 다른 특징은 짠맛이다. 1940년대 이전에 생산한 보이차인 병차, 타차沱茶, 전차 종류에는 짠맛이 나는 차가 없었다. 긴차는 보이차에서 짠맛이 나는 최초의 차이다. 긴차의 주 수출 지역인 티베트에서는 차에 야크 젖을 넣고 소금, 버터 등을 첨가해 수유차酥油茶로 마신다.

말대긴차 末代緊茶 1940년대

정흥긴차鼎興緊茶와 맹경긴차勐景緊茶를 통칭해 말대긴차末代緊茶라고 한다. 표고버섯처럼 생겼다고 해서 '향고香菇', '버섯차'라고도 한다.정흥긴차는 탕색이 진홍색에 맑고 심도 깊으며, 맹경긴차는 진갈색이 난다. 습기에 노출된 차는 진한 진흑색이 나온다. 정흥긴차는 향이 은은하고 맛이 담백하며 목 넘김이 매우 부드럽고 회감이 좋아 단침이 올라오며 여운이 오래간다. 맹경긴차는 묵직하면서 짠맛이 느껴지고 목 넘김이 부드럽다.

말대긴차 홍표

맹경긴차

소금은 싱거운 차 맛을 풍부하게 하고 수유차의 느끼한 맛을 제거해 맛의 균형을 이룬다. 티베트의 이런 차 문화 때문에 제다할 때부터 소금을 넣었을 것이라는 견해도 있지만, 운남이 아닌 변방차로 긴압한 다른 차에서도 가끔 짠맛이 나기도 하기 때문에 확실하지는 않다.

정흥긴차와 맹경긴차는 한국으로 수입되어 서울과 부산 지역으로 많은 수량이 골고루 유통되었다. 대부분 보관 상태가 양호했지만, 가끔 습기에 노출된 차도 있었다. 보관이 잘된 차는 윤기가 나며 병면이 붉은 밤색이고, 습기에 노출된 차는 윤기가 없고 병면이 검으며 백상이 보였다. 정흥긴차는 진갈색 탕색이 맑고 심도 깊으며, 맹경긴차는 진흑색이 난다. 두 종류 모두 습기에 노출된 차는 진한 진흑색이 나온다. 정흥긴차는 향이 은은하고 맛이 담백하며 목 넘김이 매우 부드럽고 회감이 좋아 단침이 올라오며 여운이 오래간다. 맹경긴차는 묵직하면서 짠맛이 느껴지고 목 넘김이 부드럽다.

_ 기타 호급 보이차

1900년에서 1960년대까지 생산된 보이차를 호급 보이차로 소개했다. 앞에서 언급한 보이차 외에도 소량으로 유통되어 널리 알려지진 않았지만 다양한 종류의 호급 보이차가 있다.

1910년대 진운호陳雲號는 내비 색깔에 따라 녹지흑표綠紙黑標, 백지남표白紙藍標, 백지흑표白紙黑標, 남지흑표藍紙黑標가 있다. 동일한 시기에 생산된 보경호普慶號, 양복취楊復聚는 그다지 찻잎 원료가 좋지 못하지만, 양빙호楊聘號는 찻잎 원료가 균일하며 크고 튼실하다.

1920년대 호급 보이차는 차순호車順號, 가이흥可以興원차와 전차, 길창양기호吉昌楊記號, 인화상고기仁和祥高記 등이 있다. 1930년대는 동원리호同源利號, 본기공품本記貢品, 남봉차장南峰茶莊, 군기호群記號, 하내호河內號 등이 있으며, 1940년대는 쌍기원흥창雙旗元興昌, 쌍화미기雙花美記, 쌍화정덕雙花正德, 영리창永利昌, 수흥창守興昌, 성리차장盛利茶莊, 장성명차長盛茗茶, 운생상雲生祥, 장춘호長春號 등이 있다. 1950년대는 중화인민공화국 수립 이후 모든 찻잎의 관리와 차 생산을 국가가 통제하던 시기라서 생산된 차의 종류가 많지 않고, 1960년대는 보성호, 흥순상興順祥, 영무창永茂昌, 홍태창鴻泰昌, 보경호普慶號 등이 있다.

쌍기원흥창

장성명차통

영무창

영무창통

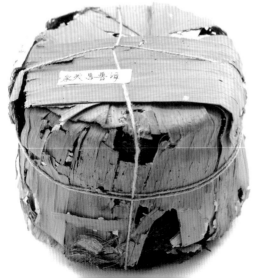

승
리
차
장

신
흥
차
장

홍태창 鴻泰昌

홍
태
창
통

홍
태
창

鴻
泰
昌

홍
태
창

호급 보이차의 이해

_ 호급 보이차의 가격 형성

일반적으로 보이차가 오래되면 무조건 가격이 비싸다는 잘못된 인식이 있다. 하지만 호급 보이차 몇 종류만 고가에 거래될 뿐 대부분은 오히려 1970년대 숫자급 보이차와 비슷한 가격이다.

호급 보이차의 가격 형성에는 몇 가지 특징이 있다. 아래와 같은 특징에 따라 몇백만원에서 억대 이상의 가격 편차가 있다.

첫째, 동일한 시기에 생산한 차일지라도 인지도에 따라 가격 편차가 매우 크다. 1920년대 동일한 시기에 생산했지만, 복원창과 보경호는 무려 열배의 가격 차이가 난다. 또 양복취호, 길창양기호, 본기공품, 인화상고기 등은 인지도가 낮아 시중 가격이 제대로 형성되지 못해 판매자와 구매자 간의 협의에 따른 가격으로만 유통된다.

둘째, 상품성에 따라 무려 배 이상의 가격 차이가 난다. 동일한 복원창이라도 차의 무게와 형태에 따라 상품성이 달라진다. 형태가 온전하며 무게가 330g 전후로 나가면 특A급으로 분류되어 고가에 거래가 형성되지만, 그렇지 않은 경우 차의 상태에 따라 가격이 결정된다.

셋째, 잔존 수량에 따라 가격이 달라진다. 인지도와 비슷하게, 적당한 수량이 남아있어야 수요와 공급이 균형을 이루어 꾸준하게 유통이 이루어진다. 잔존 수량이 너무 부족한 희소 상품은 유통이 이뤄지지 않으므로 가격을 상승시키지 못한다. 희소한 차가 가격이 높을 것 같다고 생각할 수 있지만, 실제 시장은 그러지 않다. 꾸준한 거래를 통해 유통업자와 소비자가 가장 많이 알고 있는 차일수록 가격이 높게 형성된다.

넷째, 보관 상태에 따라 가격 편차가 생긴다. 호급 보이차의 보관 특징상 1960년대 전후로 생산된 차는 일부를 제외하고는 의도적으로 습도가 높은 창고에 보관하지 않았다. 하지만 홍콩 지역 자체가 높은 습도다 보니, 창고 위치에 따라 차의 상태가 매우 달라졌다. 매우 깨끗하게 보관된 차, 비교적 보관 상태가 양호한 차, 습기에 노출된 차 등으로 구별되며 병면 색상으로 상태를 파악해 가격이 결정된다.

다섯째, 제다법에 따라서 차이가 난다. 예를들면 1930년대 동창호와 정흥호는 1940년대 강성호와 경창호보다 가격이 훨씬 낮다. 동창호와 정흥호는 발효된 모차를 사용해 긴압했고 강성호와 경창호는 생모차를 사용해 긴압했기 때문이다. 발효시킨 모차로 긴압한 차를 우려 보면 맛이 풍부하지 못하고 싱거우며 진기도 한풀 꺾인 듯하다. 이렇듯 연대가 앞설지라도 가격이 낮게 형성되는 차도 있다. 호급 보이차가 유통되던 초기에는 생산 연대에 따라 가격이 형성되었지만, 현재는 여러 요인에 따라 유통 가격이 결정되며 가격 형성에 질서가 있다.

여섯째, 내비의 존재 여부에 따라 가격 차이가 난다. 모든 차에는 본래 내비가 있는데(단 강성호는 원래 내비가 없다), 간혹 내비가 없거나 병면 위에 얹힌 차가 있다. 내비가 아예 없거나 병면 위에 얹힌 것은 병면 속에 내비가 파묻힌 차보다 상품성이 떨어진다. 그 밖에도 낱편보다는 온전하게 한 통으로 보관된 치가 가격이 훨씬 높게 형성된다.

강
성
호

가장자리가 부서져 상품성이 떨어지는 강성호

보이차를 제대로 알기 위해서 짚고 넘어가야 하는 부분이 있다. 과거 명·청 시기의 햇차 소비, 근대의 발효된 차의 소비, 현대에 들어서서 다시 햇차의 소비로 변화하는 음다의 시대적 트렌드를 이해해야 한다는 것이다. 1930년대부터는 햇차보다 약간 발효된 차를 찾는 소비자가 늘어 선발효를 진행시킨 차를 만들게 된다. 당시 보급되며 인기를 끌던 육안차와 홍차의 영향 탓이다. 육안차는 채엽 후 발효가 시작된 차를 바구니에 담아 유통시켰고, 홍차는 제다할 때 선발효를 진행시켰다. 소비자들은 이 차들을 통해 발효된 맛의 장점을 알고 익숙해졌다. 소비자의 요구에 따라 보이차의 제다법에도 변화가 생겼다.

소비자들의 선호도 외에 운송의 편의로 인한 발효의 원인도 있다. 운송 중 모차의 온전한 상태를 유지하기 위해 약간의 수분을 더하면서 의도하지 않은 발효가 생겨났다. 기록에 의하면 "1937년 프랑스는 운남성에서 생산된 차가 홍콩으로 가는 경로인 라오스와 베트남 지역을 봉쇄해 수출 길을 막았다."고 했다. 운남의 수출 길이 막혀 있는 동안 베트남 찻잎으로 만든 차가 생산되며 대표적으로 하노이 원차가 있다. 하노이 원차는 변방 지역에서 생산된 찻잎으로 긴압해서 병면 색상이 검다. 변방 지역에서 생산된 찻잎은 운송 과정에서 파손을 방지하고 부피를 줄이기 위해 포대 속에 물을 뿌리게 된다. 물기를 머금은 찻잎은 포내 속에서 발효되어 찻잎 색상이 검게 변한다. 변방 지역은 찻잎은 운남의 찻잎보다 검은색으로 변하는 과정이 훨씬 빠르다. 이것이 발효된 초기 숙차의 형성이다.

하내원차 1930년대 _

모차운송의 편의를 위해 물을 뿌려 운송중 발효가 진행된 대표적인 차.
병면색상이 유난히 검은 것이 특징이다.

보이차 제다법의 트렌드 변화에는 이처럼 여러 요인이 있다. 운남성의 내부 사정에 따른 요인도 있지만, 무엇보다 주요 소비지인 홍콩에서 소비자 입맛이 변했다는 것이 중요하다. 1950년대 말에 들어서 지속적으로 차를 발효시키는 방법을 연구했으며, 결국 숙차의 탄생으로 이어지게 된다.

1960년대 발효시킨 모차로 긴압한 차.

보성호

_ 호급 보이차의 의문

호급 보이차는 세월의 맛과 향 때문에 최고의 차로 인정받는다. 오랜 세월 동안 발효되어 숙성된 맛과 향으로 우리에게 세월의 묘미를 느끼게 한다. 그러나 생산된 당시에도 지금처럼 고급 차였을까? 당시 보이차는 대중적으로 소비되는 차로, 소엽종이나 대엽종의 어린 찻잎으로 만든 것을 훨씬 더 고급 차라고 여겼다. 호급 보이차 내비에는 차에 대한 설명이 있는데, 모든 내비에 빠짐없이 등장하는 내용이 '이른 봄날 어린 찻잎을 사용했다'는 것이다. 하지만 찻잎을 살펴보면 결코 이른 봄에 채엽한 어린 찻잎이 아니다. 고급 차를 지향할 뿐, 실상은 아니라는 뜻이다. 현재 남아 있는 호급차는 대부분 이른 봄 어린 찻잎의 단일차청單一茶靑[35]으로 만든 것이 아니다. 늦은 봄에 채엽해 적당히 자란 찻잎, 여름과 가을 찻잎을 섞었다. 이는 결코 고급 차가 아니며, 내비의 설명은 광고 문구라는 뜻이다. 보이차의 최대 소비처는 홍콩의 차루였다. 고급 음식점이 아니라 대중적인 음식을 파는 곳인 만큼, 주 메뉴인 딤섬보다 가격이 비싼 차를 손님에게 내놓았을 리 없다. 이러한 사실들을 종합해 보면, 지금의 호급 보이차는 고급 차 출신은 분명히 아니었다.

보이차 상인과 전문가들은 호급 보이차 탄생에 대한 여러 가지 주장을

▼

35) 찻잎을 딴 지역이 한 지역이거나 찻잎을 딴 시기가 비슷한 찻잎. 동일한 지역과 동일한 크기의 찻잎을 말한다.

하고 있지만 제시할 수 있는 자료나 근거가 없어 모두 증명할 수 없다. 과연 호급 보이차의 탄생은 '의도된 결과의 산물'인가 아니면 '의도하지 않은 결과의 산물'인가? '의도된 결과의 산물이다'라고 주장하는 전문가들은 "매년 보이차를 수입해 일정 수량은 판매하고 남은 것을 발효시키기 위해 창고에 넣었다."고 말한다. 당시는 갓 만든 햇차를 주로 소비했기 때문에 발효를 고려했다는 주장에 대한 신뢰성도 떨어지지만, 의도적으로 발효를 했더라도 10년이나 20년 정도 지정한 시간이 흐른 뒤에는 창고에서 나왔어야 했다. 수십 년의 세월이 지난 어느 시기에 동시다발적으로 창고에서 나오기 시작한 것으로 보아 이 주장에는 근거가 부족하다.

필자는 "의도하지 않은 결과의 산물이다."라는 주장에 동의한다. 해마다 운남성에서 보이차를 수입할 때 판매량을 가늠하지 못해 어느 해는 좀 더 많은 수량이 남았을 것이다. 예측한 판매량과 달라 남은 보이차를 창고 안쪽에 쌓아 놓았을 수도 있다. 그리고 이듬해 다시 수입한 보이차가 새로이 창고에 쌓였을 것이다. 당시는 고급 차가 아니었고 가격 역시 저렴해 재고 부담이 크게 없었을 것이다. 직접 차를 만들고 보관하면 다 아는 사실이지만, 햇차의 경우 3년 이상 지나면 본래 지니고 있던 풋풋한 청향이 사라진다. 당시 홍콩에서 청향이 사라진 차를 손님에게 내놓진 않았을 것이다. 골동보이차가 쏟아져 나온 사루들은 창고가 한 곳에만 있는 것이 아니라 여러 개를 소유하고 있었다. 그 창고들 구석에 언제 입고되었는지도 모르는 잊혀진 차들이 고스란히 쌓인 채 세월이 흘러 1990년대를 전후로 세상에 나오게 된 것이다. 의도하지 않았지만 오랜 세월이 흘렀고, 그 발효의 결과가 뜻밖에도 호급 보이차였다.

여기서 흥미로운 질문이 생긴다. 호급 보이차 종류는 여럿이지만 왜 어느 한 시기, 한 해에 생산된 차만 존재할까? 예로 복원창은 1920년대 어느 한 해에 생산된 차, 동창호는 1930년대 어느 한 해에 생산된 차, 경창호는 1940년대 어느 한 해에 생산된 차만 존재한다. 운남성에서 보이차를 생산하는 차장에서는 매년 차를 만들고, 매년 수입했을 텐데 말이다. 이 역시 유통 경로에 답이 있지 않을까 싶다. 중간 유통 상인 입장에서는 해마다 가격이 저렴한 차를 생산하는 차장을 찾았을 것이고, 매년 다른 종류의 차가 홍콩으로 수입되었을 확률이 있다.

이렇듯 호급 보이차는 풀리지 않는 많은 의문점으로 인해 더욱 매력적이다. 질문에 대한 답을 찾아가는 과정에서 수많은 스토리텔링이 가능하다. 한·중의 보이차 전문가들이 역사적인 근거를 바탕으로 새로운 사실들을 규명하며 진실에 접근하고자 노력하고 있기 때문에 머지않아 답을 찾게 되지 않을까 기대해 본다.

아차로 만든 보이차는 청나라 때부터 만들어지기 시작했으며 황실에 공납되었다는 기록이 있다. 중국의 많은 문헌이 이를 뒷받침하지만, 막상 호급 보이차 병면을 보면 어느 것 하나 어린 찻잎만으로 만들어진 차는 찾기 어렵다. 유일한 것은 형태는 다르지만 청나라 황실 창고에서 발견되었다는 금과공차金瓜貢茶이다. 공차였던 금과공차를 제외하면, 현존하는 호급 보이차 중에는 어린 찻잎만으로 긴압된 차가 존재하지 않는다. 청의 공차 제도에 따라 어린 찻잎으로 만든 차는 황실에 공납되었고 그 후에 좀 더 자란 찻잎을 따서 만든 보이차만 수출될 수 있었다. 그런데 청의 멸망 이후 공차 제도가 사라진 뒤에도 어린 찻잎으로 만든 차가 홍콩으로 수출된 흔적이 없다. 좋은 차라고 여겼던 어린 찻잎이나 산차로 만든 보이차도 분명히 수출되었을 텐데, 왜 호급 보이차 중에서 찾아볼 수 없을까? 아마도 당시 보이차 소비 형태 때문일 것이다. 이미 많은 문헌 자료에서 밝힌 대로, 갓 만든 햇차 내지는 묵혔다 해도 5년 전후의 차를 마시는 것이 당시 보이차 소비였다. 보이차를 오래 둔다고 독특한 맛과 향이 형성될 것이라는 예측하지 못했기 때문에 굳이 장기 보관하려고 하지 않았다. 발효의 개념이 부족했던 시기였다. 그렇다면 당장 마시기 좋은 차는 큰 찻잎으로 긴압한 보이차가 아닌 어린 찻잎으로 만든 보이차였을 것이다. 어린 찻잎이나 산차로 만든 보이차가 우선적으로 소비되고 재고가 남았을 리 없다. 반면 큰 찻잎으로 만들어진 현재의 호급 보이차는 소비 순위에서 밀려 창고에 방치되었을 것이다. 이런 과정을 반복하다가 1990년 즈음에는 이미 70~80년의 세월이 흐른 차가 되었다. 방치되어 있던 차가 창고 밖 세상으로 나오게 될 때는 세상만 상전벽해桑田碧海의 변화가 있던 게 아니었다. 오랜 세월을 통해 풍미風味가 형성된 차들이 명차로 재탄생하게 된 것이다.

홍

인

철

병

인
급
보
이
차

▼

1950~70년 초까지

인급 보이차란 ?

인급차印級茶는 중화인민공화국 수립(1949) 이후 1951년에 중국차
업공사운남성공사中國茶業公司雲南省公司가 설립되면서 1950년대
~1970년대 초반까지 생산한 보이차를 말한다. 전통의 수작업을 기계
식으로 대체해 대량 생산한 상품으로, 포장지에 '중차패원차中茶牌圓
茶'와 '중국차업공사운남성공사' 그리고 중간에 '팔중八中' 도안에 '차
茶' 자가 있는 상표가 인쇄되어 있다. 대표적인 상품으로 홍인, 홍인철
병, 남인, 남인철병, 황인, 곤명철병, 광운공병 등이 있다.

일반적으로 인급 보이차는 이름이 인印 자로 끝나는 차를 뜻하지만, 이
름과 무관하게 생산 시기로 구분하는 것이 합당하다. 그 이유는 1950
년대 말에서 1970년대 이전에 생산된 광운공병이나 1960년대 생산된
남인철병, 곤명철병 등 숫자급 보이차 이전에 생산된 차들이 인급 보이
차의 특징을 지니고 있기 때문이다.

중화인민공화국이 수립된 1950년대 이후 모든 찻잎의 관리와 차 생산
을 국가에서 통제하게 되며, 개인은 보이차 생산을 마음대로 할 수 없게
되었다. 이후 개인 차장에서 생산하는 대부분의 호급 보이차는 역사의
뒤안길로 사라졌고 홍인을 시작으로 인급 보이차가 생산된다.

인급 보이차는 호급 보이차와 달리 매 편마다 종이 포장을 했다. 인급

보이차 생산 이후 무지홍인, 60년대 곤명철병을 제외한 모든 보이차는 포장지에 싸서 유통되었다. 보관 과정에서 포장지가 손상된 경우 종이를 벗겨내고 국내로 수입된 보이차가 일부 있는데 홍인, 홍인철병, 남인, 남인철병 등이다. 1960년대 이후의 보이차 다원은 전통적인 야생 다원에서 새롭게 조성한 재배 다원으로 변화하기 시작했다. 1950년대 전후로 어수선한 정세로 인해 운남에서도 차나무를 관리하지 못한 시기였다. 야생 다원의 차나무는 키가 커서 사람이 올라가서 채엽해야 했고 생산 효율성이 많이 떨어졌다. 이런 단점을 보완하기 위해 키가 작고 찻잎을 따기 쉽도록 해발이 높지 않은 지역을 중심으로 재배 다원을 조성했다. 일반적으로 다원이 조성되기 시작한 지 3~5년이면 채엽할 수 있었고, 1960년대 이후 생산된 남인, 남인철병, 황인 등은 재배 다원에서 채엽한 찻잎으로 만들었다.

1950년 9월 보이차의 생산과 판매를 담당하는 중국차업공사운남성공사中國茶業公司雲南省公司를 설립하였으며 이 시기에 생산된 모든 보이차의 포장지 상단에는 큰 글씨로 '중국차업공사운남성공사'라고 표기하고 하단에는 동일하게 큰 글씨로 '중차패원차'라는 상표를 인쇄하였다. 1972년 6월, 중국토산축산진출구공사운남성차엽분공사中國土産畜産進出口公司雲南省茶葉分公司로 개명한 뒤부터 포장지 상단에 큰 글씨로 '운남칠자병차雲南七子餅茶', 하단에는 작은 글씨로 '중국토산축산진출구공사운남성차엽분공사'라고 변경하였다. 곤명차창에서 만든 곤명철병이나 하관차창에서 만든 하관철병에는 1972년 이후에도 포장지 중앙에 '중차패中茶牌'라는 상표를 계속해서 표기하였다. 이렇듯 포장지에 인쇄된 글자의 특징만으로도 생산 시기를 가늠할 수 있다.

1950년 이후 중국 정부에서 보이차의 생산 판매를 통제하게 되면서, '생산, 판매, 수출'역할을 분담하는 체계를 세운다. 보이차 생산은 네 군데의 국영 차창에서 하게 되며, 수출은 광동차엽수출입공사廣東茶葉輸出入公司가 맡았다. 국영 차창과 광동차엽수출입공사의 중간 역할을 하는 중국차업공사운남성공사는 광동차엽수출입공사를 통해 주문받은 물량을 네 군데의 국영 차창으로 발주했다. 역사적으로 보이차는 1950년대부터 개인 차장들이 사라지면서 호급 보이차의 생산도 대부분 중단되었다. 이후 모든 보이차의 생산, 판매를 국가에서 직접 관리했다. 또한 홍콩 소비 트렌드에 따라 1차로 완성된 모차에 직접 물을 뿌려 발효시키는 조수발효의 초기 제다법이 탄생하는 등 중요한 변화의 시기였다.

광동 지역은 홍콩과 가까워 홍콩 업자들의 주문에 더욱 빠르게 대응할 수 있었다. 그래서 운남성에서 생산된 모차 원료를 가져와 찻잎에 물을 뿌리는 조수발효를 응용해, 보이차를 빨리 발효시키는 제다법을 연구 개발한다. 이때 생산된 보이차가 광운공병이며 그 시기는 1958년이다.

사람들은 홍인을 포함한 인급 보이차는 무조건 건조한 창고(건창차)에서 보관된 것으로 알고 있지만 실제로는 그렇지 않았다. 당시 보이차 보관 창고에 디헤 멍항치장茗香茶莊 대표 진덕陳德, 진정긴陳政建이 「다예」[68]에 기고한 내용을 살펴보면, 50~60년대는 홍콩으로 수입된 보이차 보관에 변화가 생기기 시작했다. 제2차 세계 대전을 전후해 신

古董 普洱茶

골동

보이차

홍인 1건 마대포장

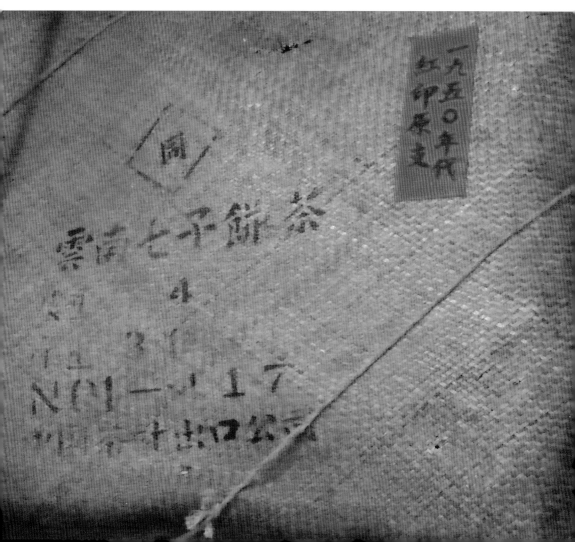

인급 보이차 종류

식 건축이 유행했는데, 뒤쪽으로는 산을 등지고 1층 정면은 바다를 향하게 지었다.[69]

지하 1층의 창고 정문에는 큰 문이 있지만 뒤쪽에는 조그만 창문만 있어서, 해변에서 불어오는 습기가 높은 바람이 원활하게 통풍되지 못한 채 내부 공간에 머물게 되었다. 이러한 공간적 특징이 있는 창고에 보이차를 보관했는데, 주변 환경에 비해 상대적으로 습도가 상당히 높았다.”고 했다. 과거 호급 보이차가 보관되었던 창고와는 구조적으로 차이가 난다. 인급 보이차는 의도하지 않았지만 호급 보이차에 비해 상대적으로 더 많은 습기에 노출되었고, 이러한 차들을 훗날 습창차, 입창차라고 부르게 된다. 입창차는 1970년대 이후 보이차의 빠른 발효를 위해 인위적으로 온도와 습도가 높은 공간에 보관한 차를 말하는데, 인급 보이차는 사실 의도하지 않은 것이기 때문에 입창 혹은 입창차라고 부를 수 없다.

▲

69) 50년대 이후 홍콩의 보이차 창고는 대부분
    정면은 1층이지만 산을 등진 뒤쪽은 지하 1층이 된다.

인급 보이차의 종류

_ **홍인**

홍인紅印은 포장지 중앙에 찍힌 차茶 자가 붉은색이다. 1951년~57년 까지 생산된 맹해차창의 대표적인 보이차로 포장지의 특징에 따라 생산 시기와 등급을 구분할 수 있다. 생산 시기에 따라 조기홍인早期紅印, 후기홍인後期紅印으로, 포장지의 글자 특징에 따라 갑급홍인甲級紅印, 일점홍인日點紅印, 세자홍인細字紅印, 대홍인大紅印 등으로 구분한다. 자료가 부족했던 2000년 초까지만 해도 홍인을 1940년대 생산된 차로 알았지만 실제로는 중화인민공화국 수립 후 1951년이후부터 생산된 보이차다. 중국 보이차 전문가이자 중국운남성차업협회 회장 추가구鄒家駒가 2005년 발표한 자료를 근거로 하며 대만과 중국의 보이차 전문가들도 인정한 바다.

호급 보이차에서는 포장지라는 개념이 없었다. 각 편에 종이 포장을 하지 않고 바깥을 죽피로 감싼 뒤 마무리했을 뿐이다. 하지만 인급 보이차가 생산되면서 보이차 병면을 싸는 포장지 개념이 생겨났다. 1950년 9월, 중국차업공사운남성공사 설립 후 생산하는 모든 보이차를 포장하기로 함에 따라 독자적인 상표 도안이 필요하게 되었다. 1951년 3월 25일부터 27일까지 3일간 상표 도안 공모를 실시해 상해 조승희趙承

대
홍
인 大
紅
印

홍인紅印 1950년대 _

포장지 중앙에 찍힌 붉은색의 차茶 자 인장을 뜻하며 50년대에 맹해차창에서
생산된 대표적인 보이차다. 생산 시기에 따라 조기홍인早期紅印, 후기홍인後期紅印
으로, 포장지의 글자 특징에 따라 갑급홍인甲級紅印, 일점홍인日點紅印, 세자홍인細字
紅印, 대홍인大紅印 등으로 구분한다.

홍
인
통

熙의 '팔중八中' 도안이 당선된다. 팔중도안은 포장지 중앙에 녹색 차茶 자를 찍고, 테두리에 여덟 개의 붉은색 중中 자로 인쇄한 것이며, 녹색의 차茶 자로 찻잎 색상을, 붉은색의 중中 자로 중국 정부를 상징한 것이다. 하지만 인쇄 과정의 실수인지 모르지만 홍인은 모든 색상이 붉은색으로 인쇄되었고, 이렇게 인쇄된 포장지로 싼 차를 홍인이라 불렀다. 팔중차 도안이 채택된 후 1951년에 생산되는 홍인부터 이 도안이 찍힌 포장지가 사용되기 시작했다.

홍인은 조기홍인, 후기홍인으로 구분한다. 또 중앙 차茶 자의 획 굵기에 따라 굵은 것을 정홍인이라고 부른다(요즘에는 대홍인이라고도 부른다). 초기에는 차茶 자의 획이 굵은 홍인을 조기홍인으로 가늘어진 것을 후기홍인으로 간주했는데, 시기가 빠른 갑급홍인 중에도 획이 가는 것이 있다. 현재는 글자 획의 굵기로 생산 연도를 구분하지 않는다. 갑급홍인은 포장지 중앙에 '갑급'이라고 찍혀 있다. 하지만 표시가 없어도 갑급홍인이라고 부르는 차가 있다. 일점홍인은 포장지 상단에 쓰인 '중국차업공사운남성공사'의 중中 자 오른쪽 상단에 조그만 점 하나가 찍혀 있다. 세자홍인細字紅印은 중국차업공사 운남성공사의 상단과 중차패원차의 하단 글씨가 가늘다. 이렇듯 홍인의 다양한 이름은 생산 과정이 아닌 유통 과정에서 상품의 포장지 특징에 따라 새롭게 붙여진 것이다.

홍인은 1980년대 말 홍콩의 돈황차루敦煌茶樓에서 먼저 나왔다. 녹백다장 최윤석 대표는 "홍인을 구입하러 갔더니 창고 바닥 한쪽에서 포장지를 열어 놓고 선풍기로 병면의 눅눅한 습기를 말리고 있었다."고 했

甲級紅印
갑급홍인

日　일
點　점
紅　홍
印　인

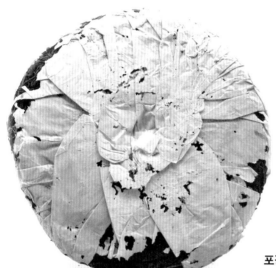

포장을 열지 않은 홍인

포장을 열었던 홍인

다. 사람들이 알고 있는 것처럼, 건창차의 대명사인 홍인이 결코 건조한 창고에서 보관되지 않았다. 사람들은 현재 생산되는 생차, 즉 햇차가 세월만 오래 지나면 홍인이 될 것으로 믿고 있지만 냉철하게 홍인이 어떻게 보관되었고, 당시의 찻잎 원료는 어떠했는지 짚어 볼 필요가 있다.

현재 시장에서 홍인은 상품성에 따라 가격 편차가 큰 편이다. 크게는 배 이상의 가격 차이가 난다. 유통 과정에서는 몇 가지 특징에 따라 상품성이 결정되는데, 홍인의 상품성에서 가장 중요하게 고려하는 것은 다음과 같다.

첫째, 죽피와 매 편 포장지의 개봉 여부이다. 포장지를 열지 않은 것은 A급, 포장지를 열었던 것은 B급으로 분류한다. 둘째, 중량이다. 무게가 320g 이상이면 A급, 300g 이하이면 B급이다. 셋째, 형태 보존성이다. 깨진 곳이 없으면서 테두리가 온전하면 A급, 온전하지 못하면 B급이다. 넷째, 포장지의 손상 여부이다.

홍인은 인급 보이차의 대표작으로 국영 차창 설립 후 첫 작품으로 생산된 보이차다. 맛은 다른 인급차에서 찾아볼 수 없는 강렬한 기운과 풍부한 바디감이 있고 오미가 뚜렷하다. 그 독특하고 강렬한 맛과 향은 소비자들에게 각별한 인정을 받고 있다.

홍인은 현재 보이차 시장에서 독보적인 위치를 차지하고 있지만, 생산 당시에는 맛이 너무 쓰고 강하여 소비자로부터 외면을 당했다. 홍콩의 명향차장 진덕陳德 대표는 "당시에는 산차를 구입할 때 서비스로 홍인을 주기도 했다. 지금으로 말하자면 밀어내기 혹은 one plus one이었던 셈이다."라고 말한다. 홍인이 생산된 시기에 이미 부드럽고 마시기 좋은 차였다면 그렇게 많은 양이 창고에 쌓여 있지 않았을 것이다. 그 시대에 외면을 당했기에 남인철병과 더불어 현존 수량이 가장 많은 단일 품목이 될 수 있었으며 발효의 중요성을 엿볼수 있는 중요한 교재가 될 수 있는 차이다.

▶　70) 철병압제 방식은 유압기로 강한 압력을 주어 긴압해 병면이 매우 딱딱하다. 포병압제 방식은 차를 천에 싸서 돌로 눌러 긴압하는 전통적인 방식이다.

_ **홍인철병**

홍인철병紅印鐵餅은 홍인과 동일한 시기인 1950년 이후 생산된 차이
다. 1950년 이전까지만 해도 보이차 생산은 모든 과정을 거의 수작업
으로 하는 전통 방식이었다. 1950년 이후 국유화가 되면서 보이차 생
산이 현대화된 기계 설비(유압식)를 갖추게 된다. 그렇게 철병압제 방
식과 포병압제 방식70)이라는 새로운 긴압 방식으로 탄생한 것이 홍인,
홍인철병, 남인, 남인철병 등이다.

홍인철병과 남인철병은 철병압제 방식으로 유압기로 강한 압력을 주어
긴압하여 병면이 매우 딱딱하다. 철병은 너무 강하게 긴압하다 보니 공
기가 침투하지 못해 발효 속도가 매우 더디게 진행된다. 보이차가 국내
에 유통되기 시작한 1990년대 초기에 이미 40년이 지난 때였지만, 여
전히 발효가 진행되지 않아 실패한 긴압 방식이라고 말할 정도였다. 홍
인철병이 막 유통되기 시작한 1990년대 초기에 구입한 소비자는 발효
를 촉진시키기 위해 포장지를 벗겨서 보관하기도 했다. 현재는 포장지
의 유무에 따라 가격 차이가 크게 나지만, 당시에는 보이차 가격이 이
렇게까지 상승해 역수출되리라고는 어느 누구도 예상치 못한 일이다.

홍인철병은 국내에서 홍인에 비해 적은 수량이 유통되었다. 홍콩 현지
에서도 수량이 많지 않았기 때문이다. 홍인철병은 무게가 320g가량,
340g가량 두 가지 종류가 유통되었으며, 부산보다 서울 지역에서 상
대적으로 많은 수량이 유통되었다.

紅印鐵餅
홍인철병병면

홍인철병통

부산 지역에는 340g가량의 무거운 홍인철병이 유통되었으며, 서울 지역에서는 두 종류 모두 유통되었다.

지금까지 보이차 서적들은 홍인철병과 남인철병이 맹해차창에서 생산되었다고 하지만, 과연 맹해차창에서 생산한 차가 맞는지 의문이 생긴다. 맹해차창의 대표적인 차인 홍인과 남인은 모두 포병압제 방식으로 만들었다. 그러나 홍인철병과 남인철병은 철병압제 방식으로 만들어진 차며 1960년대 이후에는 맹해차창에서 생산한 철병을 더이상 찾아볼 수가 없었다. 공장에서 어렵게 마련한 설비로 홍인철병과 남인철병 두 종류만 긴압하고 더 이상 사용하지 않았다는 것은 쉽게 이해가 가지 않는다. 하지만 곤명차창이나 하관차창은 1960년대 이후에도 유압기를 이용한 철병압제 방식의 차를 현재까지 계속 생산하고 있다. 홍인철병과 남인철병의 생산차창에 대한 검증은 더 정확한 자료와 연구가 필요하다.

습기에 노출된 홍인철병의 병면 색상은 윤기가 없고 어둡거나 백상이 있다. 반대로 보관이 양호하면 병면 색상이 윤기 있고 밝으면서 짙은 군청색을 띈다. 찻잎에는 부드러운 줄기가 많이 섞여 있으며, 전체적인 느낌에서 찻잎이 통통하면서 길쭉하다. 맛은 장향이 풍부하며 탕색은 습에 노출된 정도에 따라 암갈색 또는 암흑색이 나며 심도 깊고 맑다. 쓰고 떫은 맛의 조화가 잘 이루어져 쌉쌀하며 바디감이 풍부하고 회감이 좋아 단침이 풍부하게 생긴다. 목 넘김이 부드럽고 열감이 좋아 마실 때 매우 뜨겁게 느껴지며 차의 기운이 강렬하다.

앞에서도 언급했지만 홍인철병은 국내에 유통되던 1990년대에는 아직

홍인철병뒷면

홍인철병 紅印鐵餅

충분한 발효가 이루어지기 전이라 풋맛이 있고, 쓴 맛과 떫은 맛이 강한 편이었다. 하지만 30년이란 세월의 발효를 거친 지금은 쓰고 떫은 맛의 조화가 잘 이루어진 훌륭한 맛의 차가 되었다. 현재 홍인과 더불어 인급 보이차를 대표하는 최고의 차로 인정받고 있다.

홍인철병紅印鐵餅 1950년대 _

홍인과 동일한 시기인 1950년 이후 생산된 철병압제 방식의 차이다. 1950년 이후 국유화가 되면서 보이차 생산이 현대화된 기계 설비(유압식)를 갖추게 된다. 그렇게 철병압제 방식과 포병압제 방식이라는 새로운 긴압 방식으로 탄생한 것이 홍인, 홍인철병, 남인, 남인철병 등이다.

_ 무지홍인

무지홍인無紙紅印은 1950년 이후 맹해차창에서 생산되었다. 1950년
대 이후 생산된 보이차는 홍인을 비롯해 남인, 홍인철병, 남인철병 모
두 인쇄된 포장지에 싸인 채 유통되었는데, 무슨 영문인지 무지홍인만
포장지 없이 유통되었다. 당시 단가를 조금이라도 낮추기 위해서라는
추측이 있지만 검증된 바는 아니다.

당시 홍콩의 창고에서는 병면 찻잎의 형태가 다른 두 종류의 차가 나
왔다. 유념이 강하게 되어 찻잎이 잘 말려있는 차와 유념 정도가 약하
게 되어 찻잎 형태가 덜 말려있고 가장자리가 약간 눌린 자국이 있으며
좀 더 느슨한 것으로 구분할 수 있는 두 종류의 차를 통칭하여 무지홍
인이라 불렀다. 두 종류의 차는 형태의 차이가 있긴 하지만 가치성에서
는 큰 차이가 없다.

현재 두 종류는 동일한 가격으로 유통되고 있으며 내비가 병면 위에 얹
혀있는 것보다는 병면속에 파묻혀있는 것을 선호한다. 불신이 팽배한
노차 시장에서는 병면 위에 얹혀있는 내비를 다른 차의 내비를 얹어놓
은 것으로 의심하기도 한다.

홍콩, 대만, 한국에서 소장되었던 차들이 이제는 대부분 홍콩을 통해 중
국으로 역수출되고 있다. 중국은 골동보이차가 붐을 일으키기 시작한지
불과 십여년밖에 되지 않아 아쉽게도 실제 차를 만지고 마셔본 경험이
없고 자료나 상업성에 의존해 기준을 세운다. 골동보이차를 다루는 사
람은 병면의 찻잎 형태만 보아도 진위를 알수 있으나 현재 골동보이차의
주요 고객층은 중국이다보니 이런 불신도 어쩔수 없는 상황이기도 하다.

무
지
홍
인

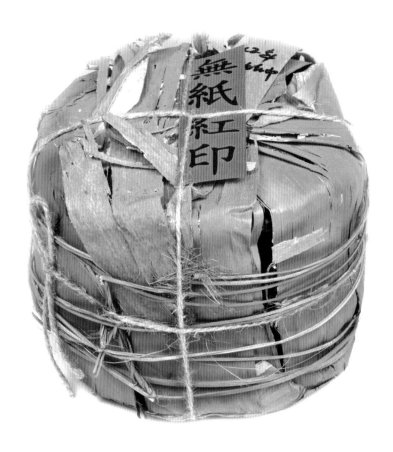

無　紙　紅　印
무　지　홍　인　통

무지홍인은 다른 차보다 상대적으로 품질의 편차가 크다. 포장지가 없는데다가 호급 보이차가 보관되었던 창고와 달리 1950년대 이후 홍콩의 창고 구조가 변화하는 시기에 보관되었기 때문이다. 습기에 노출된 차의 병면은 윤기가 없고 빛깔은 어두우며 약간의 백상이 보인다. 보관이 양호한 차는 병면이 윤기 있고 밝으며 짙은 군청색을 띤다. 부드러운 줄기가 많이 섞여 있으며 전체적으로 홍인에 비해 찻잎 크기가 약간 작은편이다. 장향이 풍부하게 나며 탕색은 습기에 노출된 정도에 따라 암갈색 또는 암흑색이 나며 심도 깊고 맑다. 쓰고 떫은 맛의 조화가 잘 이루어져 쌉쌀한 맛이 나며 바디감이 풍부하고 회감이 좋아 단침이 풍부하게 고인다. 맛으로 평가한다면, 무지홍인은 최고 정점에 도달해 있다. 만약 투자나 소장용이 아니라 즐겨 마시는 차로만 평가한다면, 지금이야말로 가장 마시기에 적합한 최고의 시기일 것이다.

내비가 보이는 무지홍인　　　　　　내비가 묻혀 있는 무지홍인

無　무
紙　지
紅　홍
印　인

무지홍인無紙紅印 1950년대

맹해차창에서 생산되었다. 1950년대 이후 생산된 보이차는 홍인을 비롯해 남인, 홍인철병,
남인철병 모두 인쇄된 포장지에 싸인 채 유통되었는데, 무지홍인만 포장지 없이 유통되었다.

무
지
홍
인

無 무
紙 지
紅 홍
印 인

_ 남인

남인藍印은 1950년 이후부터 맹해차창에서 생산된 차이다. 포장지 중앙에 찍힌 차茶 자가 남색이라서 남인이라고 부른다. 남인은 포장지의 글자 특징에 따라 갑급남인甲級藍印, 을급남인乙級藍印, 남인藍印, 송체자남인宋體字藍印 등으로 구분한다.

남인은 홍콩에서는 남인이라 부르지만 대만에서는 갑급남인과 을급남인만 남인이라고 하며 그 외는 다 녹인錄印으로 부른다. 한국에서는 판매하는 사람에 따라 홍콩에서 직접 온 차는 남인, 대만을 거쳐 온 차는 녹인으로 불렀다. 초기 녹인은 등급을 구분하기 위해 갑급과 을급으로 구분해 포장지를 인쇄했는데, 사정상 구별이 힘들어져 남색 잉크로 덧칠하면서 갑급과 을급 두 종류에 한해서만 남인이라고 부른다고 전해졌다. 하지만 명칭이 남인이든 녹인이든 동일한 차인 것은 분명하다. 본래는 이무와 맹해에서 생산된 모차를 수거한 다음 찻잎이 좋은 것은 갑급으로, 그보다 못한 것은 을급으로 생산하려고 포장지를 두 종류로 인쇄하였으나 창고에 쌓아 두는 과정에서 문제가 생겨 두 종류를 구별할 수 없게 되자, 포장지에 인쇄된 갑급과 을급을 남색 잉크로 덧칠해서 동일한 차로 생산했다고 전해진다.

온전한 한 통의 남인을 해체하면 갑급으로 표기된 남인, 을급으로 표기된 남인, 갑급 을급이 찍혀 있지 않는 남인까지 세 종류가 섞여 있는 것을 볼 수 있다.

남인藍印 1950년대

맹해차창에서 생산되었다. 포장지 중앙에 찍
힌 차茶 자가 남색이라서 남인이라고 부른다.
포장지의 글자 특징에 따라 갑급남인甲級藍
印, 을급남인乙級藍印, 남인藍印, 송체자남
인宋體字藍印 등으로 구분한다.

갑급남인甲級藍印

세 종류의 포장지에 싸인 차가 한 통에 같이 들어 있으니 생산 시기는 다를 수 있으나 죽피포장 시기는 동일하다고 보아야 한다. 여러 가지 포장지에 싸인 차를 한 통에 넣어 수출을 한 것은 아마 종이 공급이 원활하지 못했거나 혹은 체계적이지 않아 상표나 제품에 대한 요구가 그다지 엄격하지 않았던 까닭일 수도 있다.

남인은 홍인에 비해 유념을 약하게 하여 긴압된 병면을 유심히 살펴보면 홍인과 차이가 난다. 홍인은 전체적으로 유념을 약간 강하게 하고 긴압도 다소 강해 찻잎이 잘 말려 있지만, 남인은 찻잎 형태가 덜 말렸고 긴압도 약해 병면 가장자리로 갈수록 살짝 느슨한 느낌이 난다. 늘 만지고 마시는 전문가들에게는 가능한 일이지만, 일반 사람들이 육안으로 홍인과 남인을 구별하기는 쉽지 않다.

한국에서 남인은 꽤 많은 양이 유통되었다. 서울과 부산 지역에서 골고루 판매되었으며, 온전한 통뿐만 아니라 낱편도 많은 수량이 판매되다 보니 많은 마니아들이 즐겨 마셨고 지금도 어느 정도 양이 남아 있는 것으로 보인다.

남
인
통

乙級藍印
을급남인

남 藍
인 印

모든 차는 역수출되는 과정에서야 상품의 가치가 결정된다. 마찬가지로 남인도 역수출될 때 상품성에 따라 A급과 B급으로 구분하며 가격에서도 차이가 난다. 뒷면 포장지가 한 번도 개봉되지 않은 채 포장지와 병면 상태가 흠 없이 깨끗하며 무게가 320g 이상 나가는 차는 특A급, 개봉 흔적이 있으나 병변 형태가 온전하면서 무게가 320g 이상 나가면 A급, 개봉 흔적이 있고 차의 형태가 온전하지 못하고 무게가 300g 전후라면 B급으로 분류된다. 특A급, A급, B급 등에 따라 판매 가격이 2배 이상 차이가 난다.

남인철병藍印鐵餠은 1950년대 이후 생산한 차이다. 철병압제 방식으로 만든 보이차는 홍인철병처럼 발효 속도가 매우 더디다는 단점이 있다. 역시 홍콩 창고에서 처음 나왔을 때인 1990년 전후로는 소비자들의 선호도가 낮았다. 그러나 30여 년이 지난 지금은 비교적 높은 인기가 있는 골동보이차 중 하나이다. 남인철병은 1950년대 생산된 홍인과 더불어 수량이 많은 차에 속한다. 아마도 창고에서 처음 나와 유통될 시기 발효가 비교적 덜 진행되어 차의 쓰고 떫은 맛이 강해 유통량이 적어 현존 수량이 많은 것으로 추측된다. 한국에서 남인철병을 판매한 상인의 말에 따르면, "당시 남인철병을 3,000편 이상 유통시켰다. 단일 품목으로는 홍인과 더불어 가장 많은 수량이었다."고 한다. 국내에 워낙 많이 남아 있는 덕분에 중국으로 역수출이 가장 많았던 차다.

藍印鐵餠
남인철병

철병 특징상, 남인철병 역시 강한 압력으로 긴압해 차가 매우 단단하며 형태가 파손되지 않고 비교적 온전한 차가 많다. 물론 일부 남인철병은 홍콩에서 국내에 수입될 때부터 원인 불명으로 가장자리 한쪽 부분이 파손된 차도 꽤 있었다. 파손된 부위가 일률적으로 한쪽 부분인 것을 보면, 아마도 보관이나 운송 과정 중에 매우 딱딱한 물체에 부딪친 것이 아닐까 싶다. 이런 차들은 홍콩에서 깨진 부분에 다른 종류의 산차를 채워 넣기도하며 형태와 무게를 맞춘 뒤 재포장해서 유통시켰다. 현재 역수출 과정에서는 산차를 채워 넣은 남인철병을 '조립차'라고 해서 온전한 차에 비해 20~30% 낮은 가격으로 거래한다.

홍인철병과 남인철병은 유압기를 사용한 철병압제 방식으로 만들었다. 철병압제 방식 차는 1960년 이후 곤명차창이나 하관차창에서 계속 생산되었는데, 하관차창에서 만든 철병은 병면 뒷면에 포대 꼭지를 돌돌 말아놓은 배꼽 자국이 있다. 남인철병과 홍인철병은 배꼽 자국이 없는 것이 특징이며, 평평하다고 해서 '평판철병'이라고 부른다.

평판철병은 건조 과정에서 병면이 뒤틀려지기도 한다. 곤명철병에도 평판철병이 있지만 남인철병과는 품질에서 전혀 다르다.

홍인철병과 남인철병은 병면 외형이 비슷하다. 지름 크기나 찻잎 크기가 비슷해 포장지를 벗겨 놓으면 전문가가 아니면 구별하기 쉽지 않다. 다만 홍인철병에 비해 남인철병에 좀 더 거칠고 딱딱한 줄기가 많이 들어있다. 홍인철병은 찻잎이 길쭉하고 부드러운 줄기가 많다면, 남인철병은 찻잎이 균일하지 않은 것이 특징이다. 남인철병은 홍인철병에 비해 병면 가장자리가 더 평평하다.

남인철병藍印鐵餅 1950년대 _

유압기를 사용한 철병압제 방식으로 만들었다.
남인철병과 홍인철병은 배꼽 자국이 없는 것이 특징이며,
평평하다고 해서 '평판철병' 이라고 부른다.

남
인
철
병
통
藍
印
鐵
餠

남
인
철
병
산
병

병면이 보이는 남인철병

_ 황인

황인黃印은 1950년 말부터 맹해차창에서 생산된 차이다. 포장지 중앙에 찍힌 차茶 자가 황색이라 황인이라고 부르며 차茶자가 녹색인 차도 있어 팔중녹자황인이라고 한다. 단일 품목으로써 가장 오랜 기간 동안 생산되었다.

70년대 초반에 생산된 소황인은 다른 차에 비해 병면 크기가 작다. 소황인은 생산된 모차를 크기 등급으로 분류하는 기계로 만든 현대 병배차의 시초이다. 소황인이 생산되기 전까지는 병배할 때 생산 지역과 채엽 시기가 다른 모차를 섞었다. 소황인은 대량의 모차를 1~9등급까지 찻잎 크기로 등급을 나눈 뒤, 이를 다시 적정 비율로 섞어서 긴압하는 방식으로 만들었다. 이 방식은 1970년대 초반부터 대량 생산하는 모든 숫자급 보이차 생산에 적용된다. 일곱 편을 모은 통 포장법 역시 전통적인 방식의 죽피가 아닌 종이로 포장했다. 제다법뿐 아니라 포장에서도 새로운 방법이 시도된 것이다.

70년대 초반에 만들어진 소황인은 내비 특징에 따라 생산 연대가 다르다. 내비는 두 종류가 있다. 차茶 자를 여덟 개의 중中 자가 둘러싼 팔중도안과 팔중도안 아래 '서쌍판납태족자치주西双版納傣族自治州 맹해차찬출품劻海茶廠出品'이라고 생산 공장 표기가 있는 것이다. 내비에 팔중도안만 있는 소황인은 1970년 이전에 생산된 차로 구분하고 팔중도안 아래 생산 공장까지 표기된 소황인은 1972년 이후에 생산된 차로 구분한다.

대
황
인
大
黃
印

대
황
인
통

팔
중
녹
자
황
인

황인黃印 1950년 말부터 _

맹해차창에서 생신된 차 중 단일 품목으로는 가장 오랜 기긴 동인 생산된 차이다.

포장지 중앙에 찍힌 차茶 자가 황색이라 황인이라고 부르며 차茶자가

녹색인 차도 있어 팔중녹자황인이라고 한다.

70년대 초에 생산된 소황인은 다른 차에 비해 병면 크기가 작다. 소황인은

생산된 모차를 크기 등급으로 분류하는 기계로 만든 현대 병배차의 시초이다.

일곱 편을 포장한 외부 포장이 전통적인 방식의 죽피가 아닌 종이로 포장되었다.

소
황
인

소
황
인
통

하지만 두가지 다 포장지에 1972년에 세워진 중국토산축산진출구공사 운남성차엽분공사 이름이 쓰인 것을 보면, 실제 병차의 생산 시기와 마감포장 시기에 차이가 있음을 알 수 있다.

1950년 이후 보이차의 최대 수요처인 홍콩에서는 소비자들이 생모차로 긴압해 쓰고 떫은 맛이 강한 햇차보다는 발효가 약간 진행된 차를 선호하는 추세였다. 상인들은 소비자의 입맛에 맞추어 차를 발효시키는 다양한 방법을 모색한다. 육안차와 육보차처럼 인위적으로 수분을 공급하는 방법과 습도가 높은 홍콩의 자연적 환경을 이용하는 방법을 보이차의 발효에 접목시킨다. 악퇴발효 개발 전인 1950년 말부터 1970년 초까지는 다양한 방법의 발효를 연구했다. 초기의 열증발효, 즉 찻잎을 뜨거운 수증기에 살짝 쐰 뒤 증청하는 방법도 시도했지만 대량 생산하는데는 한계가 있었다. 찻잎을 쌓아 놓고 미지근한 물을 뿌리는 방법도 시도했는데, 찻잎 내부의 열을 제어하는 기술과 경험이 부족해 발효시킬 수 있는 양이 매우 적었다. 홍콩과 광동의 거듭된 실패와 연구를 거쳐, 1974년 드디어 많은 양의 찻잎을 쌓아 놓고 발효시키는 악퇴방법에 성공했다. 초기에는 경발효를 시키다가 점차 중발효, 강발효를 시켰다. 병면 색상에서 볼 수 있듯이 발효 정도가 낮으면 고유의 진갈색을 띠지만, 발효 정도가 높으면 짙은 흑갈색을 띈다. 우려 낸 엽저 역시 발효 정도가 낮은 차는 찻잎 형태가 비교적 온전하지만, 발효 정도가 높은 차는 찻잎이 뭉개져 있다.

1970년 초에 들어서 생산지인 운남에서 제다법의 변화가 일어났다면, 최대 수요처였던 홍콩에서는 창고의 변화가 일어났다. 자연적인 조건의 전통 창고가 아닌, 인위적으로 온습도를 조절해 발효를 빨리 진행시킬 수 있는 창고에 보관하게 된 것이다. 요즘 흔히 말하는 입창入倉의 개념이 도입된 시기이다.

소황인은 대부분 입창차이며 창고의 위치에 따라 상대적으로 습기에 더 혹은 덜 노출된 정도의 차이만 있다. 습기에 적게 노출된 차는 포장지와 병면의 형태와 상태가 깨끗하고, 습기에 많이 노출된 차는 병면의 형태와 상태가 깨끗하지 못하며 백상이 있다. 황인 종류는 1990년 홍콩 창고에서 나왔을 때 수입한 차가 오히려 이후 대만에서 수입한 차보다 형태, 포장지, 병면 상태가 깨끗하지 못하다. 황인 종류는 다양하나 1950년대 황인원차黃印圓茶나 황인철병黃印鐵餠, 1960년대 미술자황인원차美術字黃印圓茶, 미술자황인철병美術字黃印鐵餠은 한국에서 거의 유통되지 않았다. 국내에 주로 유통된 황인 종류는 대황인, 팔중황인 일부와 꽤 많은 수량의 소황인이었다. 황인 종류는 호급 보이차와 동일한 시기에 유통되었다. 1990년대 초에는 호급차를 주로 마시던 시기라서, 황인은 상대적으로 맛이 없어서 자사호를 양호하는 데 썼다는 에피소드가 있을 정도로 천대를 받았다. 30년이 지난 지금은 장향과 진향이 풍부하게 올라오며 맛의 균형이 좋아 늘 찾게 되는 차이다.

곤명철병昆明鐵餠은 1960년 이후에 만들어진 차이다. 발효의 속도가 굉장히 더딘 평판철병이지만, 오랜 세월을 거치는 동안 지금은 내포성이 우수하며 차의 성질이 살아있고 바디감이 풍부한 좋은 차이다. 곤명철병은 홍인철병이나 남인철병에 비해 병면 색상이 검다. 찻잎 형태도 홍인철병이나 남인철병에 비해 균일하지 못하며 딱딱한 줄기가 많다. 딱딱한 줄기는 봄 찻잎이 아님을 뜻한다. 봄 찻잎의 줄기는 수분 함량이 많아 부드럽고 탄력이 있지만, 여름과 가을 줄기는 억세져 나무토막처럼 딱딱하기 때문이다. 또한 홍인철병이나 남인철병은 내비가 있지만 곤명철병은 내비가 없다. 이러한 사실로 미루어 보아, 곤명철병은 생산 당시 가격이 저렴한 차였을 것이다.

곤명철병은 대부분 습기에 노출이 되어 백상의 흔적이 남아 있다. 백상이 생긴 차는 기존보다 낮은 습도의 창고로 옮기게 되면 서서히 백상이 사라진다. 백상이 사라지는 순서는 철병과 포병이 다르다. 철병은 겉면에서부터 백상이 사라지기 시작하나, 포병은 속에서부터 밖으로 서서히 없어진다. 이 습기를 없애는 과정을 '퇴창'이라고 한다. 퇴창은 자연적으로 이루어질 수도 있지만 인위적으로 간여해 미생물의 활동을 느리게 혹은 멈추게 하는 것이다. 습기에 노출된 차를 흔히 '습창차'라고 부르며 음용하는 것이 건강에 좋지 않다고 생각하기도 한다. 하지만 적당한 미생물의 활동으로 이루어진 발효는 발효 음식의 원리와 유사하다. 수년 전, 습창차의 미생물 검사를 의뢰해 본 적이 있다. 인체에 해롭다는 독소 아플라톡신(Aflatoxin)은 검출되지 않았다. 과하게 습을 먹은 매변 현상은 별도의 문제겠지만, 습창차에 대해서 무작정 좋지 않다고 판단할 것은 아니다.

1990년 초기에는 곤명철병이 남인철병으로 판매되었다. 20년간 창고에 방치되어 있다 보니 수입 당시 자료가 부족해 홍콩에서조차 곤명철병이라는 차의 존재를 몰랐기 때문이다. 1990년 중반에 들어서면서 대만의 보이차 연구가인 등시해의 『보이차』를 통해 원차철병으로 곤명철병이 알려지기 시작했다. 곤명철병은 포장지가 남인철병의 포장지와 동일하거나 포장지가 없는 채 유통되어 초기에는 남인철병으로 판매되기도 했던 것이다.

보이차를 역수출하는 과정에서 일부 남인철병의 통 속에서 곤명철병이 발견되어 곤란했던 적도 있다. 홍콩 창고에서 곤명철병이 나왔을 때 상인들이 포장지를 벗겨 내고 남인철병 포장으로 싸서 죽통을 새롭게 조립했는지, 아니면 생산 당시에 그렇게 포장해서 홍콩으로 수출한 것인지는 자료가 없어 확인할 수 없다.

곤명철병은 1960년대 중반 차와 1960년대 후반 이후 차로 나뉜다. 1960년대 말 이전에 생산된 곤명철병은 포장지가 없는 무지철병이며, 1960년대 말 이후에 생산된 곤명철병은 포장지 중앙에 '중차패'라고 쓰여 있다. 1970년대 이전에 생산된 인급 보이차는 포장지 상단에 '중국차업공사운남성공사', 하단에 '중차패원차'라고 표기되어 있다. 1972년 '중차패원차'의 상표 사용권이 만료되자, 포장지 상단에는 '운남칠자병차', 하단에는 '중국토산축산지출구공사운남성차업분공사', 중앙에 '중차패'라는 쓴 새로운 도안으로 변경했다.

60년대 말 이전
곤명철병 昆明鐵餅

60년대 말 이전
곤명철병 외포장

곤명철병昆明鐵餅 1960년 이후_

뒷면이 배꼽 자국이 없는 평판철병이며 내비가 없다. 홍인철병이나 남인철병
에 비해 병면 색상이 검으며 찻잎이 균일하지 못하며 딱딱한 줄기가 많다.
1960년대 말 이전 곤명철병은 포장지가 없는 무지철병이며, 1960년대 말
이후 곤명철병은 포장지 중앙에 '중차패'라고 쓰여 있다.

광운공병 1965년 전후

廣雲貢餅

_ **광운공병**

광운공병廣雲貢餠은 1950년 말부터 생산된 보이차다. 광동성의 광廣 자와 운남성의 운雲 자를 따고 황실에 진상할 만큼 좋은 차라는 의미에서 공貢 자를 넣어 '광운공병'이라 이름 붙였으며 운남성의 모차를 광동에서 긴압한 보이차다. 1950년대 운남성은 보이차의 수출 무역 권한이 없었다. 모든 차의 수출은 광동성의 광동차엽수출입공사에서 담당했다. 광동 지역은 최대 수요처였던 홍콩과 지리적으로 가깝다. 당시 홍콩은 어느 정도 발효된 차를 선호하는 추세였고, 생산시 빨리 발효시킬 수 있는 제다법을 연구하게 된다. 그래서 찻잎에 물을 뿌려 내부에서 발생한 열로 미생물을 증식시켜 발효하는 초기 숙차 제다법을 개발하게 된다. 1958년 발수발효로 탄생한 것이 광운공병이다. 이는 향후 운남의 악퇴발효로 발전하게 된다.

광운공병은 크게 1950년 말에 생산된 차, 1965년 이전에 생산된 차, 1960년대 말부터 1970년대 초까지 생산된 차, 1970년대 중후반에 생산된 차, 1980년 이후 생산된 차로 구분한다. 1960년대 중반까지 생산된 차는 운남성의 찻잎을 광동에서 긴압했기 때문에 광운공병으로, 1960년대 말부터 생산된 차는 광동성의 찻잎을 사용했기 때문에 '광동병'이라고 부른다.

1950년 말에 생산된 광운공병은 병면 뒤쪽의 오목한 부분, 배꼽 부분이 매우 넓은 것이 특징이다.

밀봉한 광운공병   廣雲貢餅

광운공병廣雲貢餅 1950년~1980년대까지

광동성의 광廣 자와 운남성의 운雲 자를 따고 황실에 진상할 만큼 좋은 차라는 의미에서
공貢 자를 넣어 '광운공병'이고 이름 붙였다. 운남성의 모차를 광동에서 긴압한 1965년
이전 광운공병과 60년대 말 이후 광동 찻잎으로 만든 광동병으로 구분한다.

광　廣
운　雲
공　貢
병　餅

1970년 이후 광동병

광운공병과 광동병의 차이점은 병면 찻잎의 형태와 색상이다. 광운공병은 운남의 대엽종 찻잎으로 긴압해서 병면 색상이 진갈색을 띠고, 광동병은 짙은 검은빛을 띤다. 또 광운공병은 부드러운 줄기가 많으며 찻잎이 크고 균일하나, 광동병은 거칠고 딱딱한 줄기가 섞여 있고 어린 찻잎이 섞여 있는 등 찻잎도 균일하지 못하다. 어린 찻잎은 발효를 거치면 황금색을 띠기 때문에 식별이 가능하다. 광운공병은 병면 찻잎의 형태가 온전하고 가장자리가 약간 두꺼운 반면, 광동병은 강하게 눌려 찻잎이 뭉개져 있고 가장자리가 얇다. 내비의 글씨 모양에서도 차이가 있다. 외형적인 측면뿐만 아니라 맛과 향에서는 더 큰 차이가 있다.

광운공병 통
1965년 이전

광운공병 통
1980년 전후 광동병

광운공병은 운남성의 대엽종이라서 장향이 나는데, 광동병은 광동성에서 생산된 중엽종인 수선 품종으로 만들어서 시큼한 향과 콘크리트 바닥에서 올라오는 먼지 맛이 난다. 여름 장마철 시멘트 바닥에서 올라오는 냄새와 약간 흡사하다. 광운공병은 쓰고 떫은 맛이 조화를 이루어 쌉쌀한 맛이 나면서 회감이 좋아 단침이 풍부하게 올라온다.

광운공병은 한국에 유통된 물량이 적었다. 2000년 초에는 일부 유통되다가, 2000년 중반 이후 유통되던 물량이 소진되었다. 그러자 1960년대 말부터 1970년 초에 생산된 광동병이 광운공병으로 판매되기도 했다. 광운공병은 시중에서 '조기광운'이라고도 하며, 광동병은 '후기광운'이라고 한다.

광운공병은 2000년대 초기 국내에 유통되던 시기에 한 편 가격이 대략 20만원 전후였다. 현재도 품질에 걸맞은 가격이 형성되지 못한 채 시장에서 크게 주목받지 못하고 있다. 골동보이차 상인들은 평소에 마시거나 시음용으로 쓸 뿐 잘 판매하지 않는다. 따라서 정확히 맛을 아는 사람이 드물다. 광운공병은 꽤 훌륭한 차임에도 불구하고 시장에서 크게 인기가 없으며 가격 또한 낮게 형성되어 있다.

광운공병은 모차의 원료는 운남의 대엽종이 맞지만 쇄청모차가 아니며 차 압축은 광동성에서 만들어졌으니, 중국 정부가 규정한 보이차 정의가 여기서는 크게 의미가 없다. 과거에 만들어진 보이차가 전부 쇄청모차였다는 기록 역시 없다. 보이차의 정의에 얽매이기보다 잘 발효된 맛있는 차를 골라 마시는 안목이 더 중요하다는 생각을 해 본다.

인급 보이차의 이해

_인급 보이차의 가격형성

현재 인급 보이차의 가격은 일부를 제외하고 호급 보이차보다 훨씬 높게 형성되어 있다. 인급 보이차를 대표하는 홍인은 A급일 경우 억대를 호가해 대다수 호급 보이차를 앞지른다. 보이차는 오래되어야 비싸다는 것은 잘못 알려진 상식이다. 인급 보이차는 다음 조건 하에 가격이 형성되며, 같은 종류의 차일지라도 상태에 따라 가격이 심지어 배 이상 차이가 난다.

첫째, 포장지의 개봉 여부다. 현재 골동보이차 시장에서는 미개봉 보이차를 무조건 진품으로 인정하는 경향이 있다. 포장을 연 흔적이 없으면 A급, 개봉한 흔적이 있으면 가격이 많이 떨어진다.

둘째, 무게와 형태이다. 인급 보이차는 차의 종류와 보관 상태에 따라 무게가 다르다. 홍인의 표준적인 무게는 330~340g이며, 남인철병은 320~330g이다. 보관상의 문제로 형태가 파손되거나 무게가 표준치에 달하지 못하면 가격이 낮아진다. 홍인의 경우 320g 이상은 A급, 이하는 B급으로 분류되며 가격에서 큰 차이가 있다.

셋째, 현존 수량이다. 수량이 충분하여 수요와 공급이 원활하면 가격이 상승한다. 반대로 수량이 적으면 거래가 잘 이루어지지 않아 가격 상승이 어렵다. 수요와 공급은 상생 조건이다. 차는 다른 골동품과 달리 희귀성이 있는 품목은 오히려 가격이 잘 형성되지 않는다.

넷째, 포장지와 보관 상태이다. 골동보이차는 구입해 마시기에는 가격이 매우 높다. 호급 보이차나 인급 보이차는 골동의 개념인 소장용으로 성격이 변했으며, 소장 측면에서는 항상 우수한 상품성을 높이 평가한다. 미개봉일지라도 포장지가 온전한지 아닌지에 따라 상품성이 달라진다. 포장된 종이가 온전하지 못하고 절반만 남았다면 B급으로 분류되며 가격이 많이 낮아진다.

다섯째, 내비의 유무이다. 인급 보이차에는 원래 모두 내비가 있기 때문에, 내비 유무에 따라 상품성이 달라져 가격 차이가 난다. 특히 홍인의 경우에는 더욱 그렇다. 반드시 내비가 병면 속에 파묻혀 있어야 A급이며, 병면 위에 얹혀 있으면 B급으로 분류되어 상품성이 낮아진다. 그 외, 낱편보다는 온전하게 한 통으로 보관된 차가 가격이 훨씬 높게 형성된다.

표준무게의 홍인

숫자급보이차

▼

1970 초 ~ 1990 전까지

대
남
인

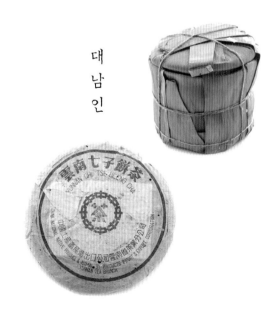

雲南七子餅茶

YUNNAN CHI TSE BEENG CHA

中國土產畜產進出口公司雲南省茶葉分公司

...TIVE PRODUCE & ANIMAL BY-PRODUCTS IMPORT & EXPORT CORP...

YUNNAN TEA BRANCH

71) 唛은 표기를 뜻하는 영문 mark의 광동식 발음이다. 맥호는 상품번호를 뜻한다.

숫자급 보이차란?

숫자급 보이차는 1972년 중국토산축산진출구공사운남성차엽분공사中國土產畜產進出口公司雲南省茶葉分公司를 설립하고 운남성이 자체 차 수출권을 획득하여 생산한 보이차를 말한다. 그 후부터 상품에 번호唛號를 부여하기 시작했으며 중국에서는 '맥호차唛號茶'[71]라고 부르며 포장지에 '운남칠자병차雲南七子餅茶'라고 인쇄되어 있다. 대표적인 숫자급 보이차로 7542, 7532, 7572, 8582, 8592 등이 있다.

1950~1980년 말까지 보이차 수출품 생산 구조는 두 가지 방식이었다. 광동차엽수출입공사가 홍콩 등 지역에서 주문을 받아 운남성차엽진출구공사에 전달하는 방식과 수입상이 직접 운남성차엽진출구공사에 주문하는 방식이었다. 주문을 받은 운남성차엽진출구공사는 각 생산 공장에 발주를 넣었다. 대표적인 생산 공장은 곤명차창, 맹해차창, 하관차창, 보이차창 등이 있다.

1944년 설립된 운남중국차엽무역주식유한공사雲南中國茶葉貿易株式有限公司는 몇차례에 걸쳐 회사 명칭이 변경된다. 1950년 9월에는 중국차업공사운남성공사로中國茶業公司雲南省公司, 1964년 5월에는 중국차엽토산진출구공사운남분공사中國茶葉土產進出口公司雲南分公司로, 1966년 6월 중국차엽토산진출구공사운남차엽분공사中國茶葉土產進出口公司雲南茶葉分公司로, 1971년 5월에는 중국토산진출구공사. 중국

양유식품차엽진출구공사운남분공사(中國土産進出口公司. 中國糧油食品茶葉進出口公司雲南分公司)로, 그리고 1972년 6월 성차엽진출구공사와 성토축산진출구공사가 합병하여 중국토산축산진출구공사운남성차엽분공사가 된다. 이에 따라 포장지에 표기된 회사명으로 보이차 연대를 가늠할 수 있다. 현재 대부분의 숫자급 보이차 하단에는 작고 붉은 글씨로 중국토산축산진출구공사운남성차엽분공사라고 표기되어 있는데, 이 명칭이 너무 길어 편의상 '성공사'라고 줄여 부른다.

1980년대 중후기 다양한 포장의 8582

1966년 문화대혁명이 시작되었을 때는 보이차 생산이 잠시 중단된 적도 있다. 1972년 명칭 변경 후, 맹해차창은 성공사의 지시에 따라 수출 전용 보이차를 만들었다.

1974년부터 등급과 산지, 생산 공장을 구분하기 위해 모든 상품에 네자리 숫자를 표기하기 시작했다. 앞의 두 자리는 해당 차를 만들기 시작한 연도를, 세 번째는 병배한 찻잎의 등급을 뜻한다. 크기에 따라 1~9 등급으로 나눈 다양한 지역과 여러계절의 모차를 병배한 것이다. 숫자가 작을수록 찻잎이 작고 숫자가 클수록 찻잎도 크다. 마지막 네 번째 숫자는 생산 공장을 뜻한다. 1은 곤명차창, 2는 맹해차창, 3은 하관차창, 4는 보이차창이다.

보이차 생산지인 운남에서도 많은 변화가 있었지만, 보이차의 최대 소비지인 홍콩에서도 큰 변화가 있었다. 발효된 보이차의 수요가 늘면서, 1950년 후반부터 1960년 후반까지 모차를 발효시킬 수 있는 여러 방법들이 시도된 것이다. 그래서 탄생된 것이 1차로 가공한 모차에 물을 뿌려 발효시키는 발수발효이다. 생산된 햇차, 즉 생차를 온습도를 인위적으로 높인 창고에서 보관해 미생물이 더 빠르게 증식해 발효시킬 수 있도록 한 것이다.

대표적으로 습한 창고를 가진 유통 업체는 홍콩의 의안차장義安茶莊이다. 1950년대 친구 이윤李潤과 동업한 요계姚計는 사업을 시작하며 육안차를 넣어 취급했나. ㄱ는 육안차를 유동시키며 발효된 맛의 장점과 발효 원리를 체득하게 되며 쌓은 경험으로 1960년대 독립하며 두 가지 방법을 보이차 발효에 접목시킨다. 하나는 생산 단계에서 발효시킨 모

차로 긴압하는 것이며, 다른 하나는 발효를 빨리 진행시킬 수 있는 창고 환경을 만들어 보관 과정에서 발효시키는 것이다. 이렇게 해서 탄생한 것이 훗날 입창이라고 부르는 방식이다.

발수발효와 입창으로 빨리 발효시키는 방법을 시도하지만, 발수발효는 근본적으로 대량 생산에 한계가 있다. 적은 양의 찻잎을 쌓아 놓고 물을 뿌려야 하며, 동일한 양의 물을 뿌려도 찻잎이 지닌 함수량에 따라 발생하는 내부 온도가 달라져 매번 변수로 작용해 실패 확률이 높았다. 또 발수발효 진행 중 실패율을 줄이기 위해 발효가 어느 정도 진행될 즈음에 정지시키다 보면 원하는 만큼 충분히 발효되지 않았다. 그래서 맹해차창이나 곤명차창에서는 이런 단점을 보완하기 위해 여러 방법을 시도했고, 마침내 1974년 곤명차창에서 악퇴발효를 성공시키게 된다. 발효된 모차, 즉 악퇴발효 숙차의 대량 생산이 가능해진 것이다.

숫자급 보이차의 종류

_ 대남인

대남인大藍印은 1970년대 중반 맹해차창에서 생산된 차이다. 맹해차창에서 생산할 당시 고유 번호는 7682였다. 대남인의 명칭은 포장과 관련 없이 유통 상인이 판매를 위해 남인원차와 연결시킨 것이다. 병면이 다른 차보다 크기도 하고 포장지 중앙의 차茶 자가 약간 남색이라, 인급차와 연관을 지어 대남인이라고 부른 것이다. 포장지 중앙의 차茶 자를 녹색으로 보기도 해서 대녹인이라고 한다.

대부분 보이차의 무게는 357g이지만 대남인은 380g 전후로 다른 숫자급보다 무게가 더 나간다. 발효된 모차로 긴압해서 긴압이 강하지 않고 세월이 지나면서 수분이 날아가 푸석하다. 차는 살짝 부푼 듯 두툼하게 느껴진다. 이런 원인 때문인지 대부분 가장자리가 조금씩 떨어져나가 온전한 상태의 차가 드물다.

포장지 종류에 따라 박백면지薄白棉紙와 후황면지厚黃棉紙로 구분하는데, 대남인 박백면지는 대남인·후황면지에 비해 조수발효 정도가 높게 진행되어 맛이 약간 싱겁고 숙차 맛이 난다. 대남인·후황면지는 생사 맛이 조금 더 많이 나는 편이다. 장향도 더 풍부하게 난다.

대남인은 조수발효潮水醱酵로 만든 차이며, 발효된 모차로 긴압했다. 조수발효는 적은 양의 찻잎을 쌓아 놓고 물을 뿌리는 방식을 말한다. 조수발효 방식은 발효가 빨리 진행되는 장점도 있지만, 발효 후 차 맛이나

대남인大藍印 1970년대 중반

맹해차창에서 생산된 차이며 고유 번호는 7682였다.
대남인은 조수발효潮水醱酵 모차로 긴압한 보이차다.
홍콩에서 입창된 대표적인 차이기도 하다.
대남인의 명칭은 병면이 다른 차보다 크기도 하고 포장지 중
앙의 차茶 자가 약간 남색이라, 인급차와 연관을 지어 대남인
이라고 부른 것이다. 포장지 중앙의 차茶 자를 녹색으로
보인다고 하여 대녹인이라고 한다. 포장지 종류에
따라 박백면지薄白棉紙와 후황면지厚黃棉紙로 구분한다.

大藍印厚黃棉紙
대남인후황면지

대남인박백면지
大藍印薄白棉紙

성질이 약간 밋밋해지는 단점이 있다. 조수발효 방식으로 만든 보이차는 대황인, 대남인, 7572, 7582 등이 있다. 발효정도가 각기 달라 숙미[72]와 숙향 정도도 차이가 많이 난다.

대남인은 1970년대 중반 차로 1980년대를 거친 대다수의 차들처럼 홍콩에서 입창된 대표적인 차이다. 하지만 창고에서 나온 지 벌써 세월이 많이 지났고, 현재는 퇴창을 거쳐 충분하게 거풍去風[73]이 되었기에 잡냄새가 전혀 나지 않는다. 오히려 입창을 통해 후발효가 충분히 진행되어 맛의 균형이 완성된 차이다. 하지만 유통 물량이 적은 편이고, 동일한 연대의 다른 차에 비해 소비자 선호도가 낮은 편이다. 가격 형성이 안 되어 저평가된 차이다.

조수발효시킨 차들은 숙미와 숙향이 없으며 은은하게 장향이 올라온다. 쓰고 떫은 맛은 약하고 차성은 강하지 않으면서 은은하고 부드럽다. 몇 번 우리고 난 후에는 생차 맛이 올라온다. 전체적으로 부담 없이 편안하고 회감이 좋으며 단침이 약하게나마 올라오는 편이다. 농익은 맛으로 인해 고급차로써 손색이 없는 좋은 차이다.

72) 숙차 특유의 맛.

73) 이미 발효가 된 차의 활발한 미생물의 활동을 정지시키며 수분함량을 낮추는 과정이다.

대남인통

_ 수남인

수남인水藍印은 1970년대 중반 맹해차창에서 생산된 차이다. 수남인은 유통과정에서 생긴 이름이다. 포장지 중앙의 차茶자 색상이 물빠진 듯한 연한 남색이라서 인급차와 연결시켜 이름 지은 것이다. 유통된 수량이 적다보니 맹해차창 생산 당시의 대표大票74)를 찾을 수 없어 고유번호를 알수 없다.

원료가 되는 찻잎은 호급 보이차인 복록공차와 동일한 것으로, 봉산鳳山 일대에서 재배한 것이다. 봉산은 현재의 봉경鳳慶으로 100여 년 전에 맹해에서 가져온 종자를 심어 차나무가 보급되었다. 운남성의 중서부에 위치하고 있으며 북쪽으로는 하관차창, 남쪽으로는 임창차창이 위치하고 있다.

복록공차와 수남인은 찻잎의 생산 지역이 동일하지만, 맛이 다른 것을 보아 전혀 다른 병배로 만들어진 것 같다. 수남인은 쓴 맛이 강하게 나지만 복록공차는 쓴 맛이 강하지 않다. 수남인의 쓴 맛은 마치 박하처럼 입안에서 화하게 퍼지며 시원한 느낌이다. 그에 비해 복록공차의 쓴 맛은 강하지만 시원하진 않으며, 떫은 맛과 쓴 맛의 조화가 좋다. 수남인은 매우 상쾌하면서 강한 쓴 맛이 나서 여러 잔 마시고 나면 오히려 난침이 감돈다. 다른 종류의 보이자와 누렷하게 다른 독특한 맛이다. 맛뿐만 아니라 외형에서도 차이가 나, 다른 차에 비해 유난히 크고 무겁다. 380g으로 긴압했으며, 거친 줄기가 많은 것이 특징이다.

수남인은 조수발효를 시킨 모차로 긴압했기에 병면 색상이 붉은 밤색

74) 보이차 12통을 대나무로 엮어 포장한 1상자를 1건이라
한다. 매 건마다 고유번호를 적은 종이를 넣어두는데
대표大票라고 하며 품명, 생산연도와 제작 순차를
알수 있다.

수 水
남 藍
인 印

수남인水藍印 1970년대 중반

맹해차창에서 생산된 차이다. 포장지 중앙의 차茶 자 색상이
물 빠진 것처럼 연한 남색이라서 인급차와 연결시켜 수남인이라고 이름
지었다. 400g으로 유난히 크고 무겁다. 거친 줄기가 많은 것이 특징이다.

수남인통

수남인

◀ 75) 종이 특징은 문살 모양으로, 가로 세로 줄이 바둑판처럼 되어 있어 격문지(格紋紙)라고 한다.
76) 출품 출(出) 자 위 쪽의 산(山) 자가 아래쪽의 산(山)자 보다 좁고 뾰족하다. 이런 출자를 첨출이라고 한다. 첨출 내비는 1970년대 보이차의 특징이다. 출(出) 자의 위 아래의 넓이가 같은 것을 평출(平出)이라고 하며, 평출 내비는 1980년대 보이차의 특징이다. 아주 드물게 아닌 경우도 있긴 하다.

을 띠며, 오랜 세월이 흐르면서 충분하게 후발효가 진행되었다. 충분히 거풍이 되어 손으로 들었을 때 가뿐한 느낌이 난다.

차 자체의 수분 함량이 낮아졌다는 증거다.

비슷한 시기의 다른 차들에 비해 습기에 노출된 차가 많지 않고 비교적 보관 상태가 양호하다. 포장지는 특이하게도 다른 종류의 차에서 볼 수 없는 간격이 넓은 격문지格紋紙[75]다. 내비는 다른 1970년대 차처럼 세로 크기가 큰 중형中型 내비이며, 하단에 표기된 생산 출처에서 맹해차창출품의 출出 자가 첨출尖出[76]이다.

수남인은 유통된 수량이 매우 적은 차이다. 독특한 쓴 맛 때문에 좋은 평가를 받지 못하며 호불호가 확실히 갈린다. 선호하는 소비자가 적어서 거래 수량이 적고, 가격 역시 정상적으로 형성되지 못하고 있다. 수남인을 보면, 보이차 맛이 원료와 제다법에 따른 결과물이라는 것을 다시금 확인할 수 있다. 세월이 지나 맛이 얼마만큼 좋아지느냐에 따라 평가가 달라질 수 있다는 것도 알려주는 차다.

하관철병

하관철병下關鐵餠은 1970년대부터 하관차창에서 생산된 보이차다. 이 차의 가장 큰 특징은 내비가 없다는 것이다. 포장지 중앙의 차茶 자 아래 중차패라는 세 글자가 있어 '중차패철병', '중차패·하관철병'이라고도 부른다.

유압기로 매우 강하게 긴압한 보이차를 철병이라고 부르며, 차의 뒷면에 배꼽이 없이 평평한 평판철병과 배꼽이 있는 포병철병으로 나눈다. 곤명철병은 평판철병이며 하관철병은 포병철병이다. 철병은 돌로 눌러 긴압한 포병과 달리 발효가 굉장히 더디게 진행된다. 발효 속도가 느려 1970년대 만든 철병은 아직도 풋맛이 난다. 상대적으로 맑은 맛이며 내포성이 좋아 여러 번 우려도 동일한 맛이 난다.

하관철병은 1970년대 중후반과 1980년대 생산된 것이 있다. 포장지 하단의 생산지 표기에서 한자 산産 자가 번체로 되어 있는 것은 1980년대 생산된 번체자 중차패철병, 한자 '产'으로 된 것은 1970년대 생산한 '간체자 중차패철병'이라 부른다. 간체자 중차패철병은 포장지 하단에 중국토산축산진출구공사운남성차엽분공사라고 쓴 19자판, '차엽茶叶'이란 글자 없이 중국토산축산진출구공사운남성분공사라고 쓴 17자판, 운남성하관차창출품云南省下關茶廠出品이라고 쓴 9자판이 있다. 간체자 중차패철병이 국내로 수입되던 초기에는 자료가 부족해서 9자판과 17자판을 1960년대 후반 차로 여겼다. 하지만 중국토산축산진출구공사운남성차엽분공사의 회사 명칭이 1972년 6월에 바뀌었으므로 차의 생산 시기 역시 1972년 이후로 판단해야 한다.

하관철병은 쓰고 떫은 맛이 거칠며, 마시고 난 뒤 혓바닥에 떫은 맛이 남는다. 떫은 맛이 고급스럽지 못한 느낌을 주는데, 아마도 찻잎 생산 지역의 특성 탓일 것이다. 맹해차창에서 만든 차도 보편적으로 쓰고 떫은 맛이 있지만 거칠지 않으며 입안에 오랫동안 남지 않고 금방 사라지는데 이 특징이 바로 하관차창 차와의 차이점이다.

1970년대 하관철병 9자판

下關鐵餠

1970년대 초
간체 하관철병
下關鐵餅

하관철병下關鐵餅 1970년대부터

하관차창에서 생산된 보이차다. 내비가 없으며 포장지 중앙의
차茶 자 아래 중차패라는 세 글자가 있어 '중차패철병',
'중차패·하관철병'이라고도 부른다. 배꼽이 있는 포병철병이다.
철병은 발효가 굉장히 더디게 진행되며 1970년대 철병은 아직도 풋맛이 난다.
상대적으로 맑은 맛이며 내포성이 좋아 여러 번 우려도 동일한 맛이 난다.
포장지 하단의 생산지 표기에서 한자 산産 자로 년대를 구분한다.
간체자 중차패철병은 1970년대, 번체자 중차패철병은 1980년대에 생산한 하관철병이다.

1980년대
번체 하관철병
下關鐵餅

7432

7432는 1970년대 중반 맹해차창에서 가장 먼저 만들어진 숙차 품목이다. 7432는 3등급 찻잎을 병배했기 때문에 병면에서 황금색의 어린 싹芽[77]이 섞인 것이 보인다. 1970년대 보이차는 1980년대 보다 동일한 등급으로 병배했더라도 찻잎이 더 어리고 작다.

악퇴발효의 핵심은 찻잎에 물을 뿌려 내부의 열을 발생시키면서 미생물 작용을 컨트롤하는 것이다. 찻잎에 물을 많이 뿌리면 부패의 위험이 있고, 물을 적게 뿌리면 악퇴 시간이 길어지는 단점이 있다. 악퇴 시간이 충분하지 못하면 발효도가 낮아 비록 생차의 성질이 남더라도 실패 확률은 줄일 수 있다. 1970년대 악퇴발효의 특징은 물을 적게 뿌려서 실패 확률을 줄이면서 창고 보관 중에 발효가 계속 진행되는 것이다. 이러한 차는 특유의 인삼향과 대추향이 난다.

7432는 생산된 수량이 적어 별로 알려지지 않았고, 유통 과정에서도 쉽게 접할 수 없었다. 가격 역시 호가呼價만 있을 뿐 선호하는 소비자는 거의 없는 편이다. 동일한 시기에 만들어진 73후전차에 비해 가격, 선호도, 인지도 등 모든 면에서 저평가 되어 있다. 전형적인 1970년대 내비로, 가로 세로의 크기가 큰 중형中型 내비이며 하단에 표기된 맹해차창출품의 출出 자가 첨출이다. 병면을 싼 종이는 두꺼운 후격문지厚格紋紙[78]이며, 내비는 얇은 재질의 박지 내비와 두꺼운 재질의 후지 내비가 있다. 후지 내비와 박지 내비의 차는 종류에 따라 맛과 향의 차이가 있다.

◀ 77) 창처럼 뾰족하게 생긴 어린 찻잎
78) 종이가 두꺼운 격문지.

70년대 중

7
4
3
2

7432 1970년대 중

맹해차창에서 최초로 만들어진 숙차 품목이다.
7432는 3등급 찻잎을 병배했기 때문에 병면에서
황금색의 어린 싹芽이 섞인 것이 보인다.

7
4
3
2
통

7
4
3
2
뒷
면

① **73청병**

73청병은 유통 과정에서 대만 옥호헌 황슬금 대표가 붙인 이름이다. 병면이 다른 종류의 숫자급 보이차에 비해 작아서 소녹인小綠印이라고도 한다. 73청병의 또 다른 특징은 포장지 하단의 인쇄에 중국토산축산진출구공사운남성차엽분공사의 첫 글자인 중中의 口이 다른 차에 표기된 口보다 크다는 것이다. 그래서 '대구중' 또는 '대구중소녹인'이라고도 부른다.

맹해차창에서 생산한 보이차는 12통이 들어 있는 매 상자마다 고유 번호가 찍혀 있다. 73청병의 대표大票에는 7542_501과 7542_503이 찍혀 있다. 73청병은 여러 종류가 있다. 포장지가 문살 모양 격문지이며 두꺼운 후지와 얇은 박지로 구분한다. 내비는 우윳빛처럼 밝은 백색 후지와 매우 얇은 박지 두 가지가 있다.

73청병은 홍콩 의안차장 창고에서 나왔으며, 대만 옥호헌에서 7542_501을 대부분 매입했다. 황슬금 대표는 73청병을 수입하면서 이름을 붙인 이유를 다음과 같이 설명한다. "당시 대만에서 도자기 작가로 활동하며 1973년 가게를 열었다. 도자기와 함께 중국의 자사호를 수입해 싱가포르, 태국 등지에 수출했는데, 자사호를 수입하러 중국 의흥으로 가기 위해서는 홍콩을 경유해야 했다. 홍콩에서 우연한 기회에 보이차를 만나게 되었다.

당시 홍콩에서는 주로 10년 전후로 약가의 발효가 진행된 생차나 숙차의 소비가 주를 이루고 있었다. 1980년대 초부터 조금씩 보이차를 가

73청병은 유통 과정에서 붙여진 이름이다. 병면이 다른 종류의 숫자급
보이차에 비해 작아서 소녹인小綠印이라고도 한다. 포장지 하단의 인쇄에 중국토산
축산진출구공사운남성차엽분공사의 첫 글자인 중中의 口의 크기에 따라 '대구중 大口
中' 또는 '대구중소녹인大口中小綠印' 이라 부른다. 포장지는 문살 모양 격문지로, 재
질에 따라 두꺼운 후지와 얇은 박지로 구분한다. 내비는 우윳빛처럼
밝은 백색 후지와 매우 얇은 박지 두 가지가 있다.

박지 73청병 7542_501

져다 판매하기 시작했고, 중반 무렵에 의안차장에서 나온 7542_501 전량을 수입하고자 돈을 빌리기까지 해서 대만 돈 이천만 원어치를 구입했다. 수입할 당시 홍콩에서조차 정확한 생산 연도를 몰랐으나, 본인 판단과 홍콩 의안차장의 말을 종합해 볼 때 1970년대 초기에서도 73년도 차일 것 같았다. 73은 발음도 괜찮아서 73청병으로 명명했다."

지금까지도 73청병의 생산 시기에 관한 의견이 분분하다. 73청병을 쌓아 둔 바닥에 신문지가 있었는데 그 날짜가 중화민국 73년(1984년)이었다며 인터넷이나 단행본에서 1984년 생산된 차로 발표된 적도 있었다. 그러나 황슬금 대표는 "신문지와 민국 73년이란 말은 어디서부터 나온 것인지 알 수 없으나 전혀 사실이 아니다."라고 한다.

73청병을 한국에 최초로 수입한 업체는 부산 녹백다장이다. 최윤석 대표는 "수입할 때 대표를 살펴보니 7542_503으로 표기되어 있었다."고 한다. 한국에 유통되었던 73청병은 대만과 달리 7542_503이었던 같다. 최윤석 대표는 발음하기 좀 더 좋다고 073청병(공칠삼청병)'이라고 불렀으며, 부산 인근지역에서는 지금까지 73청병보다 073청병으로 부르는 사람이 더 많다.

박지 73청병 7542_501 통

후지 73청병 7542 _ 503

후지
73청병
7542 _ 503

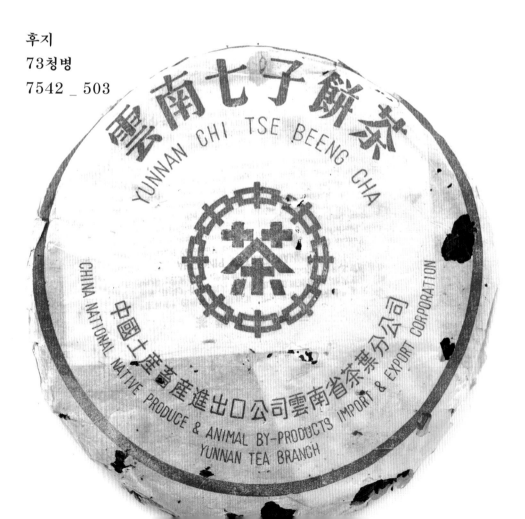

차(茶)자 없는 박지
73청병 7542 _ 501

맹해차장의 70~80년대 포장지는 팔중八中도안까지만 전통방법으로 인쇄하
고 중앙의 차茶자는 인장으로 찍는다. 실수로 차茶자를 찍지 않은 포장지도
적지않게 발견되며 포장지를 뒤집어서 포장한 차도 있다.

73청병은 아래와 같은 이유로 1975년도에 생산된 차로 판단한다.

첫째, 73청병은 내비에 표기된 출出 자가 첨출이다.

둘째, 종이 질감이 1970년대 격문지로, 1980년대 것과 다른 느낌이다.

셋째, 포장지 중앙의 차茶 자는 녹색 도장으로 찍었으며, 사각 테두리가 있다. 이런 표식은 1970년대 차에서만 볼 수 있다.

넷째, 대만 옥호헌에서 73청병을 수입한 시기는 1986~1987년이다. 그 당시에는 10년 정도 발효된 보이차가 주류를 이루었고, 옥호헌 역시 이런 종류의 차를 선택했다. 1984년 당시 2~3년 밖에 안 된 차였다면, 큰돈을 들여 수입했을 리 없을 것이다. 그 정도 차를 10년 이상 된 차와 구별하지 못했다는 것도 상식적으로 맞지 않다.

다섯째, 73청병과 포장지, 인쇄, 내비, 맛 등이 비슷한 종류는 1980년대 차에서는 단 하나도 발견할 수 없다.

이와 같은 근거로 73청병의 생산 연대는 1975년 이후로 판단하는데, 7542가 최초로 생산된 해는 1975년이다. 즉, 73청병은 최초로 생산된 7542일 것이다. 1975년 이후 7542는 계속해서 생산되었다.

73청병은 홍콩의 의안차장의 창고에서 보관되었다. 의안차장의 창고는 홍콩에서 대표적으로 습도가 높은 곳이다. 그래서인지 보관이 양호한 차와 습기에 노출된 차의 편차가

크고, 바닥에 눌려져 있던 차 중에는 매변이 심하게 발생한 것도 있다. 정도에 따라 차의 무게 역시 편차가 크다. 차 명칭에 소小가 들어가는 (소황인, 소녹인 등) 보이차의 정상적인 무게는 320g 이상인데, 73청병은 온전한 통일지라도 대부분 병면의 가장자리가 떨어져 나갔으며 무게도 거의 300g 미만이다. 차의 상태가 이렇다 보니 가격 역시 편차가 크다. 보관이 양호한 차, 습기에 노출된 차, 온전한 모양의 정상 무게인 차, 형태가 온전하지 못하고 300g 미만인 차의 가격 편차는 배 이상이 난다.

7542 계열의 차는 쌉쌀한 맛이 특징이다. 73청병 역시 7542 계열이기 때문에 쌉쌀한 맛이 나는데, 홍삼의 쌉쌀한 맛과 유사하다. 인급 보이차 종류 중에서 홍인, 무지홍인 계열이 쌉쌀한 맛이며, 그래서 인급 보이차의 계보를 이어 내려온 차로 본다. 73청병은 쌉쌀한 맛과 더불어 바디감이 풍부하며 오미가 뚜렷하고 회감에서 단침이 돌며 여운이 남는 훌륭한 차이다.

보관이 양호한 73청병은 맑은 야장향野樟香이 나며, 진하게 쌉쌀한 맛 뒤에 올라오는 풍부한 단침이 생긴다. 73청병의 병면을 살펴보면 1980년대 생산된 7542 계열보다 찻잎 크기가 작다. 오히려 7532 계열의 차에 가까울 정도다. 숫자급 보이차의 병배 방식은 1974년부터 적용되었는데, 초기라 병배 기술이 완성되지 못한 이유일 수도 있다. 이러한 현상은 1970년대 생산된 7432, 7452, 7542에서 공통적으로 나타나며, 찻잎 크기에서 큰 차이점을 느낄 수 없을 정도로 비슷하다.

◀

내비가 두 장인 후지 73청병 7542_503

7542 1980년대 초부터

맹해차창의 가장 대표적인 생차 상품이다.

80년대 초에 생산된 차는 격문지 소내표이며,

1980년대 중반에 생산된 차는 두꺼운 후면지厚棉紙로,

1980년대 말에 생산된 차는 얇은 박면지薄棉紙로 싸여 있다

7542 고유의 맛은 쓰고 떫은 맛이 조화를 이룬 쌉쌀한 맛이다.

7542는 4등급 찻잎을 사용해 찻잎 크기가 적당하며 쓰고 떫은 맛이 조화를

이룬다. 인급 보이차의 대표인 홍인의 계보를 이어 고유의 쌉쌀한 맛이 훌륭하다.

80년 초
격문지 소내표
7542

② **7542**

7542는 1975년에 최초로 생산되었다. 초기 7542는 73청병 또는 대구중소녹인 등으로 불린다. 7542라고 불리는 차는 1980년대 초부터 생산된 차를 뜻한다. 생산된 시기에 따라 1970년대 차는 7542 계열이지만 73청병이라 부른다. 생산 기록이 불분명한 차들이라 초기 유통 단계에서 상인들이 명명한 이름을 지금까지 사용하기 때문이다. 7542는 맹해차창에서 생산된 생차 중 가장 대표적인 상품이다. 생산된 시기에 따라 포장지의 재질이 다양하다. 1980년 초에 생산된 차는 격문지 소내표이며 1980년대 중반에 생산된 차는 두꺼운 후면지厚棉紙로, 1980년대 말에 생산된 차는 얇은 박면지薄棉紙로 싸여 있다. 포장지 재질은 생산 시기 구분의 참고 자료일 뿐이다. 보다 정확한 생산 연도를 추정하기 위해서는 포장지뿐 아니라 병면의 찻잎 형태, 보관 상태와 발효 정도 등 여러 가지를 종합적으로 판단해야 한다.

7542 고유의 맛은 쓰고 떫은 맛이 조화를 이룬 쌉쌀한 맛이다. 습기에 노출된 정도에 따라 다른데, 보관이 양호한 차는 강한 쌉쌀한 맛과 회감이 좋아 단침이 풍부하게 나온다. 습기에 노출된 차는 기운과 올라오는 단침이 약한 반면 쌉쌀한 맛이 은은하고 부드럽다. 1970~80년대 생산된 차는 대부분 의도적으로 입창 보관시켰다. 정도의 차이만 있을 뿐 거의 대다수가 습기에 노출되었다. 간혹 통풍이 잘되는 곳에서 보관된 차는 병면이 깨끗하지만 건창차는 아니다. 보관된 위치에 따른 상태의 차이일 뿐이다.

1980년대 중 후면지 7542 통

1980년대 중 후면지

**1980년대 말
박지 7542**

7542는 4등급 찻잎을 사용해 찻잎 크기가 적당하다. 소비자들이 7542를 선호하는 이유는 인급 보이차의 대표인 홍인의 계보를 이어 고유의 쌉쌀한 맛이 훌륭하기 때문이다.

차인이라면 다 아는 88청병 또한 7542로, 73청병처럼 상인이 붙인 이름이다. 중국 본토에서는 건창차에 대한 열풍이 일어나 가격이 폭등하며 88청병의 브랜드 가치가 무척 높아졌다. 1980년대 말부터 1990년대 초에 생산된 7542 계열이 88청병의 이름으로 시중에서 유통되고 있다. 골동보이차 시장에서는 병면이 넓고 큼직한 차만 88청병으로 인정하며 그 외에는 박지7542이라고 부른다. 그 외에도 7542 계열에서 85청병, 86청병 등 88청병과 유사한 이름의 7542가 등장했다.

_ 7572

7572는 1970년대 후반부터 맹해차창에서 생산된 대표적인 숙차이다. 1980년대 이전 7572는 조수발효의 숙차로써 대구중과 소구중으로 구분하며, 대구중은 얇은 사문지絲紋紙, 소구중은 격문지로 포장되었다. 1980년대 중반 이후에는 포장지 재질이 후면지, 박면지, 망문지網紋紙 등으로 바뀌었다. 7572는 포장지 하단에 쓰인 중국토산축산진출구공사운남성차엽분공사의 첫 글자인 중中 자의 口크기에 따라 큰 것을 대구중·7572, 작은 것을 소구중·7572로 나눈다.

대구중·7572는 1970년대 말, 소구중·7572는 1980년대 초에 생산된 차로 판단하는 견해도 있다. 하지만 대구중과 소구중의 모든 내비는 1970년대 내비에서 나타나는 첨출尖出이다. 내비 크기도 1980년대 만든 차에서 나타나는 소형 내비보다 좀 더 큰 중형 내비다. 이러한 사실로 미루어 보아 소구중·7572 역시 1970년대 말에 생산된 차로 판단할 수 있다.

제다법에서도 대구중과 소구중의 차이점이 있다. 대구중은 조수발효시켜 만든 차이며, 발효를 약하게 시켜 생차의 맛과 향이 남아 있다. 소구중도 조수발효시켜 만든 차이긴 하지만 상대적으로 발효가 강하게 되어 숙차의 맛과 향이 난다. 맛의 차이는 유통 가격의 차이로 연결된다. 숙차 맛이 나는 소구중에 비해 생차 맛이 나는 대구중이 훨씬 높은 기격으로 거래되고 있다.

7572는 대부분 온전한 한 통 속에 대구중과 소구중이 섞여 있다. 섞여 있는 이유는 두 가지로 추론해 볼 수 있다. 한가지 가능성은 당시 생산

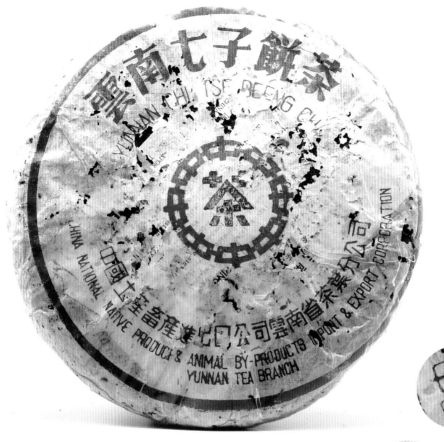

대구중

소구중

과정에 있다. 생산한 차를 종이 포장 작업만 하고 성공사에서 주문이 들어올때 마지막 공정인 죽피 포장을 한다. 품질관리와 검수 과정이 엄격하지 못하던 그 시대의 상황을 미루어 두 종류가 섞여서 죽피에 포장 되었을 가능성이다. 또 한가지는 보관했던 홍콩 창고에서 유통 전 온전하지 못한 죽피를 해체하고 재 포장한 가능성이다.

7572 1970년대 후반부터

맹해차창의 가장 대표적인 숙차 상품이다.
포장지 하단에 쓰인 중국토산축산진출구공사운남성차엽분공사의 첫 글자
인 중中 자의 口 크기에 따라 대구중·7572, 소구중·7572로 나눈다.
1980년대 이전은 대구중과 소구중으로 구분하며, 대구중은 얇은
사문지絲紋紙, 소구중은 격문지로 포장되었다. 1980년대 중반 이후에는
포장지 재질이 후면지, 박면지, 망문지網紋紙 등으로 바뀌었다.

① 설인

설인雪印은 맹해차창에서 생산된 7532 계열로 홍콩 의안차장에서 보관되었고 대만 옥호헌에서 매입해 유통시킨 차이다. 1980년대 초에 생산된 7532는 고유 번호보다 옥호헌에서 유통 과정 중 명명한 설인으로 더 널리 알려져 있다.

설인이라 이름 지은 대만 옥호헌 대표는 80년대 말, 홍콩 의안차장에서 7532를 수입했다. 호급과 인급의 차처럼 고유 명사가 있으면 좋겠다고 생각되어, 7532대신 지은 명칭이다. 당시 대만에서 유명했던 우유 브랜드 '설인'에 쓰인 인급 인자가 눈에 띄어 그 이름을 따서 이름 지었다"고 한다. 차茶 자의 색상이 눈이 내린 것처럼 보여 설인이라 부른다는 설도 있지만, 이는 차상들의 근거없는 이야기다.

설인을 1980년대 초에 생산된 차로 판단하는 이유는 내비 때문이다. 73청병처럼 내비의 출出 자가 첨출이 아니고, 1980년대 방식의 평출이다. 또 내비 크기가 소형이다. 향과 맛, 발효 정도도 전형적인 1980년대 초기 차이다.

설인은 1980년대 초에 생산되어 1980년대 말부터 유통되기 시작했다. 전통적인 죽피가 아닌 종이 포장에 일곱편씩 들어 있다. 죽피가 아닌 종이로 포장한 대표적인 차는 1970년대 초에 생산된 황인 종류와 1980년대 설인이다.

1980년대 초 설인 雪印

평출平出

첨출尖出

설인雪印 1980년대

맹해차창에서 생산된 7532 계열이다. 유통과정에서 설인이라 이름 지었다.
설인을 내비의 출出 자가 1980년대 기본 방식의 소형 평출이다.

설인은 수량이 많지 않아 시중에서 접하기 힘들다. 국내에 유통된 수량도 적어 원통으로는 극히 드물고, 간간이 낱편으로 만나 볼 수 있다. 원통으로 보관된 차일지라도 죽피가 아닌 종이 포장이다 보니 원형을 유지하고 있는 차가 드물다. 설인 이후 1980년대 중후반 7532는 비교적 수량이 많은 편이다.

1980년대 초에 생산된 설인은 벌써 40년 가까이 되었다. 이미 맛에서는 조화를 이루었고, 어린 찻잎이 많은 차의 특성상 깔끔한 고삽미가 훌륭한 차이다.

1980년대 초
雪印설인 뒷면

7532 80년대 중반부터

설인과 7532를 구별하는 이유는 생산 시기가 다를 뿐만 아니라 유통에서 가격 차이가
크기 때문이다. 1980년대 중반까지 생산된 설인은 포장지가 후면지였으며 1980년대
말에는 박면지로, 1990년대 초에는 망문지網紋紙로 종이 재질이 바뀌게 된다. 후면지
나 박면지는 모두 면綿 수제 종이로 잘 찢어지지 않으나 망문지는 종이가 잘 찢어지는
단점이 있다.

② 7532

설인과 7532를 구별하는 이유는 생산 시기가 다를 뿐만 아니라 유통에서 가격 차이가 크기 때문이다. 1980년대 중반까지 생산된 설인은 포장지가 후면지였으며 1980년대 말에는 박면지로, 1990년대 초에는 망문지網紋紙로 종이 재질이 바뀌게 된다. 후면지나 박면지는 모두 면綿 수제 종이로 잘 찢어지지 않으나 망문지는 종이가 잘 찢어지는 단점이 있다. 7532는 3등급의 찻잎을 사용했다. 7532는 생차로, 비교적 어린 찻잎이 많이 섞여 있다. 어린 찻잎일수록 카테킨의 함량이 적고 아미노산 성분이 풍부하다. 맛은 거칠지 않으면서 떫은 맛과 쓴 맛이 부드럽게 조화를 이루고 먼저 강한 쓴 맛이 느껴지고 이어서 깔끔한 쓴 맛이 감돌다 사라진다. 8582 계열처럼 큰 찻잎으로 만든 차도 동일하게 역시 쓴 맛이 먼저 느껴지지만 7532와는 전혀 다른 쓴 맛이다. 8582가 묵직한 쓴 맛이라면 7532는 상쾌하고 가벼운 쓴 맛이다.

7532는 숫자급 보이차 중에서 가장 어린 찻잎을 사용했지만, 그렇다고 해서 이른 봄 일찍 딴 찻잎은 아니다.

여러 산지의 사계절 찻잎을 크기에 따라 등급을 나누고 병배하는 것이 보이차 병배의 특징이기 때문이다. 1970년대 이후에는 대량으로 채엽한 찻잎을 선별기選別機79)에 넣어 등급을 나누었기 때문에 찻잎을 딴 시기와는 무관하다. 1970년대 만든 숫자급 보이차는 명칭에 차이가 있을지언정 찻잎 크기는 거의 비슷하다. 그러나 1980년대 이후에는 숫지에 따라 찻잎 크기가 확연히 차이가 난다.

▲　　79) 찻잎 크기에 따라 선별하는 기계

雲南七子餅茶

YUNNAN CHI TSE BEENG CHA

中國土産畜産進出口公司雲南省茶業分公司

CHINA NATIVE PRODUCE & ANIMAL BY-PRODUCTS IMPORT & EXPORT CORPORATION

YUNNAN TEA BRANCH

1980년대 중 7532 통

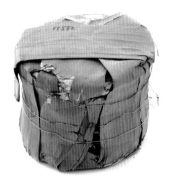

① 7582

7582는 1970년대 말부터 맹해차창에서 생산된 차이다. 7582는 조수발효시킨 숙차이다. 7582는 다른 숫자급 보이차에 비해 비교적 늦은 1970년대 말에 생산되었으며 병면이 비교적 크다. 1970년대 후기 차는 포장지가 후면지이며, 1980년대 초기 차는 박면지다. 1970년대 후기 차의 내비는 중형 내비이며 출朏 자가 첨출이지만, 1980년대 초기 차는 소형 내비에 출朏 자가 평출이며 내표가 작은것이 특징이다.

7582는 조수발효한 차라서 발효가 빠르게 진행되어 농익은 맛이 난다. 쓰고 떫은 맛은 약하고 마셨을 때 부드럽고 편안하며 목 넘김에서 열감이 느껴지나 올라오는 단침은 약하다.

7582는 비교적 큰 찻잎인 8등급의 찻잎을 사용해 다른 숫자급보다 큰 찻잎이 많이 섞여 있다. 큰 찻잎으로 병배한 차는 어린 찻잎에 비해 발효가 되었을 때 내포성이 좋아 여러 번 우려도 맛이 풍부하고 한결 같으며 바디감이 좋다. 어린 찻잎으로 병배한 차와 큰 찻잎으로 병배한 차는 맛과 향에서 각기 다른 특색이 있다.

② 8582

8582는 1985년 홍콩의 남천무역공사에서 7582와 동일한 병배 방식으로 주문 생산한 생차이며 딩해 연도를 따서 8582로 이름 지었다. 1985년부터 지금까지 생산되고 있는 차이다.

죽피에 녹색 스티커가 붙어 있는 8582가 있으며 상단에는 중국상검中

7582 1970년대 말부터

맹해차창에서 8등급의 크고 튼실한 찻잎으로 만들어진 차이다.
7582는 조수발효시킨 숙차이다.

1980년대 중 상검 8582 통 후면지

1985년부터

1985년 홍콩의 남천무역공사에서 7582와 동일한 병배 방식으로 주문제작한 생차로서 생산 연도를 따서 8582로 이름 지었다. 1985년부터 지금까지 생산되고 있는 차이다.

國商檢, 하단에는 운남진출구상품검험국雲南進出口商品檢驗局이라고 쓰여 있다. 상품 검사를 완료했다는 의미로 녹색 스티커를 부착한 것이다. 중국상검 스티커는 1985년부터 1987년 사이에 사용했으며, 유통 과정에서 '상검 8582'라고도 부른다. 상검 8582는 다른 종류의 8582에 비해 병면이 두툼하고 큰 편이다.

병면을 싼 포장지는 후면지와 박면지가 있다. 내비 크기는 전형적인 1980년대 차에서 나타나는 소형 내비이며, 출出 자가 평출이다. 8582는 8등급의 찻잎을 기본으로 병배해서 찻잎이 크고 튼실하다. 특히 병차 뒷면을 보면 찻잎이 확연히 크고 튼실하며 황편이 섞여 있다. 8582의 브랜드 가치가 높고 소비자에게 널리 알려지다 보니, 7582를 8582로 시중에 유통되기도 한다. 찻잎의 병배방법은 같다고 하나 7582는 숙차 8582는 생차로 정확한 구분이 필요하다. 브랜드 가치가 높을수록 소비자들이 많이 찾고 가격도 높게 형성되다 보니, 판매 촉진을 위해 비슷한 시기에 생산된 차를 브랜드 가치가 높은 이름으로 유통시키는 차들이 있다. 1990년대 초에 만들어진 차 대부분을 88청병이라 통칭하는 것도 이러한 이유 때문이다.

한국으로 수입된 8582는 홍콩의 신성다장新星茶莊에서 유통시킨 차이다. 당시 일부는 죽피 위에 이무청병易武靑餠 도장을 찍어 유통시키기도 했다. 상품 가치를 높이기 위한 방편이었다. 1990년대 초에 생산한 7542 계열의 차는 이무춘첨易武春尖이란 도장을 찍기도 했다.

앞서 맹해차창에서 생산한 대표적인 보이차들을 소개했는데, 맹해차창 이외의 차창에서 생산한 차들도 다양하다. 다만 유통 수량이 적어 잘 알려지지 않았을 뿐이다.

73후전

70년대 중반 곤명차창昆明茶廠에서 생산한 73후전厚磚은 전차 종류를 대표하는 차이다. 악퇴발효시킨 숙차이지만, 입창을 통해 충분한 후발효가 진행되어 농익은 맛과 함께 나오는 초콜릿향이 일품이다. 부드럽고 편안하며 잡미가 없다.

70년대 중반 73후전

73후전 옆면

홍대소녹인

1970년대 말에 만든 홍대소녹인紅帶小綠印은 73청병과 동일한 격문지로 포장되어 있다. 중앙의 차茶 자는 인쇄가 아닌 손으로 찍은 인장印章이다. 병면에 빨간색 띠를 넣어 긴압해 '홍띠청병'이라고도 불린다. 종이 재질이나 글자의 인쇄된 특징으로 봐서 73청병과 동일한 시기에 생산된 차로 추정된다. 포장지 하단에 표기된 글자 역시 口 모양이 큰 대구중이다.

70년대 말 7582 미술자내비

70년대 중반 칠자황인대병

70년대 중반 7452

70년대 중 73후전

80년대 하관전차

79경곡전

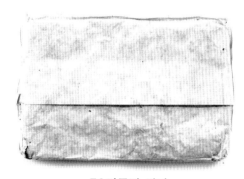

79경곡전 뒷면

80년대 전차

80년대 전차 뒷면

대엽청병

대엽청병大葉青餅은 1980년대 초에 만들어진 차로, 다 자란 큰 찻잎으로 병배해서 쓴 맛이 다소 강하나 맛이 풍부하다. 입창 보관했지만 충분한 퇴창 기간을 거쳐 거풍이 잘 되어 있으며 장향이 풍부하다.

대
엽
청
병 大
葉
青
餅

숫자급 보이차의 이해

숫자급 보이차의 가격 형성

현재 보이차 시장은 신차, 노차를 불문하고 중국 시장이 거래와 가격 형성을 주도한다. 일부이지만 숫자급 보이차는 품질, 생산 시기, 발효 정도와 무관하게 가격이 형성되고 있기도 하다. 이는 중국 본토에서 건창차에 대한 선호도 때문이다. 그 중에도 건창으로 인식된 88청병이 대표적이다. 88청병은 1980년대 말 차이지만 1970년대 차보다 높은 가격을 유지하고 있다. 숫자급 보이차는 다음과 같은 여섯 가지 원칙에 따라 가격이 결정된다.

첫째, 브랜드 가치다. 시장에서 널리 알려진 차일수록 고가에 거래된다. 예로 1970년대 중반에 만든 대황인이나 대남인은 수량이 적고 시장에서의 인지도가 낮은 탓에 1970년대 말에 만든 7572보다 낮은 가격에 거래된다. 숫자급 보이차는 널리 알려질수록 가격이 높다.

둘째, 보관 상태다. 습기에 덜 노출된 차일수록 높은 가격에 거래된다. 호급 보이차나 인급 보이 차도 마찬가지이며, 경우에 따라 배 이상의 가격 차이가 나기도 한다.

셋째, 제다법이다. 생차 방식으로 만든 차, 생모차로 긴압한 차일수록 높은 가격에 거래된다. 1970년대 중반 조수발효 방식으로 만든 대황인이나 대남인의 경우, 1980년대 초 설인(7532)이나 1980년대 중반의 8582, 88청병(7542)에 비해 낮은 가격에 거래된다.

넷째, 현존 수량이다. 현존 수량이 많아 시장에서 충분한 검증이 이루어진 차는 고가에 거래된다. 유통에 필요한 수량이 부족한 차들은 호가만 있을 뿐 실제 거래가 잘 이루어지지 못하고 가격대도 낮게 형성되어 있다.

원 포장을 열지 않은 상태

원 포장을 열어본 상태

다섯째, 차의 상태와 포장 종이의 상태이다. 낱편일수록 차의 상태는 더 중요하다. 온전한 형태를 유지할수록 A급 차로 평가받으며 가격대가 높게 형성된다. 포장 종이의 상태, 즉 개봉 여부에 따라 가격이 달라진다. 개봉하지 않았다는 것은 진품으로 인정해 A급으로 간주하며 높은 가격에 거래된다.

여섯째, 낱편보다는 온전한 한 통이 높은 가격대를 형성한다. 온전한 한 통과 낱편을 모은 한통의 가격 차이는 10~20% 이상 차이가 난다. 아무리 상태가 양호한 낱편일지라도 온전한 한 통보다는 가격이 낮다. 온전한 한 통인 경우 보관 상태, 즉 습기에 노출된 정도, 죽피의 상태, 차의 상태 등에 따라 가격이 달라진다. 전체적으로 습기에 노출되지 않고 형태가 온전할수록 높은 가격대가 형성된다.

포장과 형태는 온전하나 무게가 부족한 차

_ 입창차의 탄생

입창이란 후발효가 잘 진행될 수 있도록 인공적 환경을 조성한 창고에서 일정 기간 보관하는 것을 말한다. 이는 숙차 만드는 과정의 악퇴와 비슷한 원리이다. 찻잎을 쌓아 놓고 물을 뿌리고 덮개로 덮어 놓으면 찻잎 내부에서 열이 발생한다. 고온 다습은 미생물이 활동하기 좋은 조건으로 다양한 미생물이 증식하며 활동한다. 현재까지 밝혀진 바로 미생물의 종류는 검은곰팡이Aspergillus niger, 푸른곰팡이Penicillium notatum, 거미줄곰팡이Rhizopus nigricans, 회녹색곰팡이Aspergillus glaucus, 효모 등이다.[80] 다양한 미생물의 활동으로 보이차의 발효가 진행되며, 이런 발효 과정을 악퇴발효라고 한다.

입창 역시 마찬가지이다. 발효 작용을 하는 미생물이 활발하게 성장하도록 환경을 조성하는 것이다. 차이점은 악퇴발효는 산차의 모차를 이용하고, 입창은 병차나 전차 등 완성된 차로 발효시킨다는 것이다. 악퇴에서 발생하는 미생물과 입창에서 발생하는 미생물의 종류가 다르다는 것을 경험적으로는 알지만, 구체적으로 어떻게 다른지 밝힌 논문이나 자료는 없다.

오명진은 논문에서 "홍콩의 차 유통 상인, 영기차장 오수영대표의 말에 의하면, 입창은 1950년대부터 시작되었다."[81]고 밝히고 있다. 하지만 이 시기에는 의도적인 입창이라고 볼 수 없다. 1950년내에 시은 **창고**들은 대부분 정면이 바다를 향하고 산을 등진 구조로, 바닷바람이 들어오는 정문은 크고 빠져나가는 뒤쪽 창문은 작아 습도가 높을 수밖에 없었다. 자연적이지만 상당히 다습한 구조의 창고였다.

80) 주홍걸, 『운남보이차』(2005)

81) 오명진, '祁門 安茶의 정체성에 관한 탐색〈한국차
학회지〉제19권 제4호(2013.12) 게재.

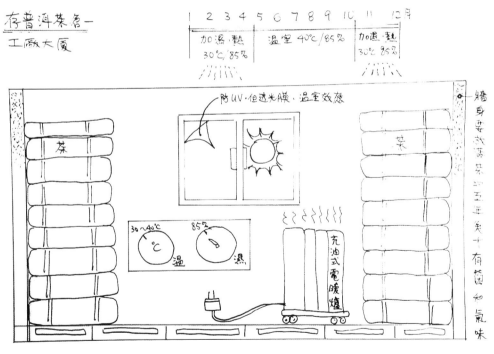

입창 창고 도안

1970년대 초부터는 의도적으로 습도가 높은 곳에 창고를 짓고 보관했다는 점에서 1950년대 창고와 다르다. 입창차를 많이 보관한 유통 업체는 의안차장義安茶莊인데, 1950년대 개업 후 육안차를 먼저 취급하면서 발효된 맛과 발효 방법에 대해 체득했고 이를 보이차에 적용한다. 70년대 보이차의 트렌드는 발효였다. 1970년대부터 1990년대까지 생산된 생차는 물론 숙차까지도 대부분 입창을 시키게 된다.

입창을 하더라도 창고 안에 놓인 위치에 따라 발효 정도가 달라진다. 정도에 따라 사람들은 차가 습을 '먹었다, 안 먹었다'하며 설전을 벌이기도 하지만 1990년대 이전의 차는 거의 모두 입창을 했다고 봐도 무방하다.

혹자는 입창과 습창을 혼용해서 사용하는데, 이는 올바르지 못하다. 습창을 실내 온도 30도, 상대 습도 70~80% 이상의 환경에서 보관하는 것이라 정의하고 있지만 홍콩은 아열대 기후로 여름철에는 자연적으로

의안차장 창고

습창의 조건이 되는데 그렇다면 홍콩에서 보관된 보이차는 무조건 습창차가 되어야 한다. 습창과 달리 입창은 의도적으로 빠른 발효를 진행했다는 의미로 구별해 사용해야 한다.

시기별로 선호하는 보이차 맛에 대한 트렌드는 꾸준히 변화하고 있다. 차가 빨리 발효되게 하는 다양한 방법을 시도해 제다법의 변화를 불러왔던 시대를 지나, 현재 보이차 시장은 야생 고수차 신차(생차)를 선호하고 있다. 앞으로 10년, 20년 후에 어떤 차들을 선호하느냐에 따라 보이차의 제다법과 보관법이 달라질 것이다.

퇴창이란 입창 창고에서 이미 발효가 진행된 차를 더 이상 발효되지 않도록 자연적인 환경으로 옮기는 것을 말한다. 높은 온습도 아래 활발히 증식하던 미생물이 더 이상 활동하지 못하도록 환경 조건을 변화시키는 것이다. 발효가 지나치면 부패의 단계로 넘어가기 때문에 적당한 정도를 판단해 퇴창을 시작해야 한다. 입창 창고에서 나타났던 백상은 자연적인 환경으로 옮기면 점차적으로 감소하기도 한다. 미생물의 활동 주기는 보편적으로 약 3개월이며, 건조한 환경으로 옮기면 차 자체의 수분이 감소되어 백상도 조금씩 줄어든다. 이 전체 과정을 퇴창이라 한다.

퇴창 중인 보이차

보이차의 최대 소비처인 홍콩에서 1930년대 이전까지는 생산된 지 5년 전후의 보이차 소비가 주류를 이루었다. 보이차를 긴압하기 전 모차의 운송 과정에서 찻잎 파손을 방지하기 위해 물을 뿌렸던 것이 의도치 않은 발효로 진행된 것도 있지만, 다른 한편으로는 홍차의 선발효 제다법을 보이차에 접목해 의도적으로 연구 개발하기도 했다. 이 시기 약간의 발효가 진행된 육안차도 등장한다. 이런 변화의 흐름 속에서 소비자들은 직간접적으로 어느 정도의 발효가 진행된 차를 마시기 시작했다. 1950년대 말부터 홍콩 유통 상인들은 광동차엽수출입공사에 발효된 차를 주문하기 시작한다. 광동차엽수출입공사는 1958년 모차에 물을 뿌려 발효시키는 발수발효 방식을 연구 개발하면서, 발효시킨 모차로 긴압한 보이차가 등장하게 된다. 이때 생산된 보이차가 광운공병이다. 1960년대 문화대혁명이라는 사회적 혼란속에서 차의 공급이 원활하지 못하자, 홍콩의 상인들은 변방 찻잎으로 자체 브랜드를 만들어 여러 종류의 발수발효차를 제작하였다. 흥순상, 영무창, 보성호, 보이흥, 천신호, 홍태창 등이 대표적인 차들이다.

1970년대가 시작되면서부터 보이차의 최대 소비처인 홍콩에서 계속적으로 발효된 차의 수요가 늘었다. 상인들은 광동차엽수출입공사를 통해 성공사에 발효된 숙차를 주문하고, 성공사는 제다 기술자를 광동과 홍콩에 파견해 본격적으로 숙차 제다법 연구를 시작한다.

1974년 가장 먼저 곤명차창에서 대량의 찻잎에 물을 뿌려 미생물을 증식시킴으로써 찻잎의 화학적인 성분 변화를 일으키는 악퇴 발효법을 개발했다. 뒤이어 맹해차창 역시 악퇴발효법을 도입해 숙차를 생산했다. 하지만 당시 숙차는 악퇴발효를 강하게 하지 않아 지금의 숙차와는 맛과 향이 다르다. 채엽 시기와 찻잎의 크기에 따라, 찻잎이 지닌 함수량이 달라 동일한 양의 물을 뿌릴지라도 쌓아 놓은 찻잎더미 속에서 발생하는 내부의 온도는 달라진다. 찻잎 내부에서 발생하는 열의 차이에 따라 활동하는 미생물의 종류가 달라지는 것은 품질과 직결되기 때문에, 실패를 줄이기 위해 초기에는 의도적으로 악퇴를 강하게 하지 않았던 것이다.

악퇴발효가 강하지 않은 숙차는 입창을 통해 계속적인 발효를 진행해, 수십 년 세월이 지난 오늘날에는 잘 발효된 숙차로 변했다. 1970년대 생산한 숙차는 잘 발효되어 독특한 맛과 향을 지니고 있으며 목넘김이 부드럽고 마시기에 편안하다. 후발효까지 잘된 숙차는 독특한 인삼향과 대추향이 난다.

1974년 악퇴발효 기술의 개발로 대량의 숙차가 생산되지만, 또 한편으로는 생모차로 긴압한 차를 입창으로 발효시키게 된다. 숙차는 제다과정에서 발효시키고, 생차는 입창으로 발효시키는 것이 당시 트렌드였다.

▶

악퇴발효실

2003년 명가원 제작 고수차

골동보이차의 입문

생차와 숙차

보이차는 완성된 외형에 따라 흐트러진 찻잎 그대로인 산차와 일정한 모양으로 긴압한 긴압차로 구분한다. 제다 방법에 따라서는 생차 긴압 방법과 숙차 긴압 방법이 있다. 생차 긴압 방법은 발효시키지 않은 모차로 긴압하는 방식과 약간의 발효가 이루어진 모차로 긴압한 방식으로 구분하며, 숙차 긴압 방법은 조수발효 모차 긴압과 악퇴발효 모차 긴압으로 구분한다.

전통적인 보이차 제다법은 우선 채엽해 온 찻잎을 솥에서 살청한다. 효소를 없애는 게 아니라 다음 과정인 유념을 원활하게 하기 위해 숨을 죽이는 정도로 한다. 살청은 솥에서 덖는 초청 방식과 찻잎을 살짝 찌는 증청 방식이 있다. 증청 방식으로 만든 보이차는 발효가 빨리 진행되며, 차성이 한풀 꺾여 녹차처럼 곧바로 마시기 좋다. 살청 후 손으로 비벼 주는 유념 과정을 거치면 부피가 줄고 찻잎을 햇볕에 건조시키면 쇄청모차가 완성된다. 완성된 모차는 유통 과정에서 운반이나 보관이 편리하도록 긴압한다. 찻잎에 뜨거운 수증기를 살짝 쐬어 천에 싼 뒤 긴압한다. 긴압한 보이차는 다시 건조시킨다. 이때 차의 수분 함량은 보편적으로 약 10~12%가 된다.

보이차 원료로 사용되는 대엽종 품종은 쓰고 떫은 맛이 강하다. 대엽종의 부드러운 맛을 즐기려면 오랜 시간 자연적인 후발효 과정이 필요하다. 이러한 단점을 보완하기 위해 단기간에 발효시킬 수 있는 고온 다습한 환경을 적용한다. 인공발효는 소량 생산하는 조수발효와 대량 생산이 가능한 악퇴발효가 있다. 이러한 방법으로 만들어진 차를 모두 숙차라고 한다.

조수발효는 초기 숙차의 제다법이다. 발효 성공률을 높이기 위해 찻잎 양도 적게, 발수 양도 적게 했다. 대표적인 차로 7572.대구중, 광운공병 등이 있다.

악퇴발효는 찻잎을 쌓아 놓고 수분 함량이 40% 정도 되게끔 물을 뿌린 뒤 적당히 온도를 올려 미생물이 성장할 수 있는 고온 다습한 환경을 조성하는 것이다. 열이 밖으로 발산되지 못하도록 덮어 주면 미생물이 활발하게 활동하며 빠른 발효가 이루어진다.

일반적으로 숙차가 완성되는데는 약 40일 정도 걸린다. 쌓아놓은 찻잎을 그대로 내버려두면 내부 온도가 너무 높게 상승해 찻잎이 탄화 또는 부패하게 된다. 그래서 일주일에서 열흘을 주기로 쌓아 놓은 찻잎을 골고루 뒤집어 주는 작업이 필요하다. 악퇴 과정을 마친 찻잎은 건조 후 선별기에서 등급별로 나뉘고, 병배 과정을 거쳐 긴압 후 시장으로 유통이 된다.

생모차
숙모차

생차는 발효시키지 않은 보이차를 말한다. 찻잎에는 아미노산, 카페인, 카테킨 등의 성분이 함유되어 있다. 어린 찻잎일수록 아미노산, 카페인 함량이 높고 성엽은 카테킨 함량이 높다. 카테킨 성분은 주로 떫은 맛과 쓴 맛을 낸다.

찻잎이 지닌 성분은 발효 과정 중에 변화를 일으키지만, 발효되지 않은 생차를 우리면 생엽이 지닌 고유의 성분을 그대로 드러내 쓴 맛, 떫은 맛, 풋풋하고 상큼한 향이 난다.

생차의 원료는 인위적으로 조성하고 관리하는 다원에서 생산되는 재배차와 야생에서 자라는 고수차 등으로 구분한다. 재배차는 고수차에 비해 쓰고 떫은 맛이 강하다. 향도 고수차가 훨씬 달고 상큼하며 은은한 꽃향이 난다. 그래서 생차를 즐기는 소비자는 재배차보다 고수차를 선호한다.

90년대 중후반부터 생차 제다법이 조금 달라졌다. 전통 방식을 따르면서도 위조는 길게 하고 유념은 약하게 해, 쓰고 떫은 맛이 덜 우러나고 부드러운 맛이 나도록 변한 것이다. 위조 시간을 늘이면 햇차에서 느낄 수 있는 꽃향이 훨씬 풍부해지며, 유념을 약하게 하면 차의 세포막의 파괴가 줄어 생차의 강한 성분이 덜 침출된다. 햇차의 맛과 향을 즐기기 위해서는 이런 차도 좋지만, 오랜 세월이 지난 발효의 맛을 원한다면 쓰고 떫은 맛이 강할지라도 성분이 풍부한 차가 더 좋다.

숙차는 생차가 지닌 쓰고 떫은 맛을 인공적으로 없앤 차로, 보이차 입문자들과 여성들이 선호한다.

악퇴발효를 잘 시킨 숙차는 병면이 짙은 밤색을 띠며, 강하게 한 차는 검은색을 띤다. 어린 찻잎으로 만든 차일수록 붉은 밤색을 띠며 자란 찻잎으로 만든 차일수록 짙은 진갈색을 띤다. 색상 차이는 기본적으로 차의 성분 함량에 따라 발효된 결과다.

숙차는 적당히 줄기가 들어가야 단맛이 풍부해진다. 거칠지 않고 부드러운 줄기의 성분은 대부분 섬유소이며, 악퇴발효 과정을 통해 당분으로 변화되기 때문이다. 어린 찻잎으로 만든 차는 단맛이 좋지만 전체적으로 맛의 조화가 단조롭다. 보이차를 즐기는 소비자는 크게 세 부류로 나누어 볼 수 있다. 신차(햇차.생차)를 즐기는 소비자, 숙차를 즐기는 소비자, 잘 발효된 노차를 즐기는 소비자이다. 신차를 즐기는 소비자는 고유의 풋풋한 향과 깔끔한 맛을 추구한다. 숙차를 즐기는 소비자는 쓰고 떫은 맛을 싫어하며 마시기에 편안하고 부드러운 차를 추구한다. 노차를 즐기는 소비자는 잘 발효된 차에서 우러나는 맛과 향, 차탕의 뜨거운 열감을 추구한다. 생차 계통의 차를 즐겨 마시던 사람이 언젠가부터 숙차나 노차를 선호하게 되었다는 경우가 종종 있다. 젊고 건강할 때는 잘 느끼지 못하다가 나이가 들면서 강한 성질을 지닌 생차보다 숙차나 노차가 몸에 부담을 적게 준다는 것을 느끼기 때문이다.

보이차를 처음 접하는 소비자는 어떤 차를 선택해야 할지 매우 고민될 것이다. 차는 약이 아니고 기호 식품이기 때문에 내 입맛에 맞는 차, 내 몸에 맞는 차를 선택하는 것이 바람직하다. 한쪽으로 치우치지 않고 숙차와 생차를 조화롭게 즐기는 것이 현명한 차 생활을 영위하는 방법일 것이다.

보관방법에 따른 구분과 특징

보이차는 보관 조건이 매우 중요하다. '보이차는 창고 저장 방법이 곧 기술'이란 말이 있을 정도로 보관에 따라 결과에서 큰 차이가 난다. 이전에는 보관 조건에 따라 건창차乾倉茶 혹은 습창차濕倉茶로 단순 구분했지만, 최근에는 건창차乾倉茶, 습창차濕倉茶, 자연차自然茶, 입창차入倉茶, 자연입창차自然入倉茶 등 세분화해서 구분한다.

일반적으로 30℃ 전후의 높은 온도와 상대 습도가 70~80% 이상의 보관 장소를 습창이라고 하고, 온.습도 기준이 그 이하인 자연적인 환경을 건창이라고 한다. 중국은 남방과 북방의 자연환경 차이가 매우 크다. 요즘 보이차 창고는 상당히 깨끗하고 건조하다. 이 조건 하에는 미생물 활동이 불가능하며 아무리 세월이 지나도 발효가 되지 않는다. 기후 변화에 따라 요즘에는 한국에서도 여름철에 얼마든지 실내 온습도가 습창의 조건에 도달하고 있다. 하지만 발효정도는 아주 미미하다. 그래서 요즘은 입창차, 무입창차란 용어가 새롭게 생겼다. 온.습도를 맞춘 창고에 의도적으로 들어갔다는 뜻에서 입창 혹은 입창차, 입창 창고에 들어가지 않았다는 의미에서 무無입창차로 구분한 것인데, 이런 용어는 사실 무의미하다. 요즘 중국 차 마니아들 사이에서 '창고에 들어가지 않으면 차가 완성되지 않는다無倉不成茶.'는 말이 유행한다. 보이차 발효의 핵심을 꿰뚫는 매우 적절한 표현이다.

1960년대 이후 중국은 차의 생산량 증대를 위해 평지에 교목형 대엽종 다원을 대단위로 조성했다. 다원차는 떫은 맛과 쓴 맛이 강하다. 떫은 맛과 쓴 맛이 강한 차를 습도가 낮은 곳에 보관하면 발효 진행이 굉장히 더디고 맛도 여전히 세다. 좀 더 빨리 발효시키는 입창 방법을 적용하면 비교적 단기간에 맛의 단점을 보완한다. 단, 고온 다습한 창고에서 보관하면 매변 위험이 크기 때문에 온·습도와 차의 상태를 체크하며 기술적으로 발효시키기도 한다.

또 보이차 보관 지역에 따라 홍콩창, 광동창, 북방창 등으로 구분하기도 한다. 홍콩과 대만의 노차 마니아들이 '한국은 퇴창하기 좋은 환경'이라고 평하는 것으로 보아, 한국창이란 명칭도 가능성 있는 꿈이다.

_ 건창차의 특징

보이차는 건창 보관이어야 좋다는 논리에는 모순이 있다. 건창 보관보다 더 중요한 것은 발효다. 골동보이차의 생성 과정을 살펴보면, 발효가 되지 않은 보이차는 아무리 오랜 세월이 흘러도 무의미할 뿐이다. 건조한 창고에서만 보관하면 차 속 수분이 메마르고 찻잎의 기본 효소에 의한 매우 경미한 발효만 진행되어 얇고 싱거운 맛이 난다. 필자를 비롯한 한국 환경에서 생차를 10여 년 보관해 온 많은 소비자들이 공감하는 문제이다. 건창이 좋고 나쁨이 아니라 발효시켜야 할 차와 그대로의 맛을 즐겨야 할 차를 구별하는 것이 현명하다.

고수차 햇차는 그 자체로 매력이 있다. 청아한 향과 깔끔한 맛이 나며, 회감이 좋아 단침이 풍부하게 고인다. 고수차에서 느껴지는 기운도 부정할 수 없다. 현재의 맛과 향을 인정하고 그대로 즐기는 것이 바람직하다. 무조건 깨끗하게 소장한 차가 좋다는 편향된 시각이 아니라 긴 세월의 발효가 필요한 차에게는 발효에 적합한 조건을 만들어 주는 올바른 시각이 필요하다. 적당한 습도가 유지되면서 발효가 진행된 차는 훨씬 풍부하고 조화로운 맛을 즐길 수 있다.

_ 입창차의 특징

현재 보이차 시장에서 입창차에 대한 시각은 상당히 부정적이다. 과거 홍콩에서 잘못 보관된 차들을 유통시켰거나, 중국이 차 시장의 주도권을 가져갔기 때문에 벌어진 일이다. 하지만 적당한 발효를 위한 보관 방법으로서 입창을 마냥 터부시 할 것이 아니라 훌륭한 결과에 주목해 볼 일이다.

입창차란 발효에 필요한 온.습도를 제어하는 창고에서 보관된 차이다. 과거에는 입창 기간이 최소 3~5년이었지만 현재는 미생물 작용을 제어하는 기술이 좋아져 1년 미만으로 짧아졌다. 입창을 했는지, 안했는지 구별이 안 될 정도로 가볍게 입창을 시키기도 한다. 이런 차는 전문가가 아니면 구별하기 어렵다. 보이차는 후발효차이다. 마른 건창차를 원하든 발효가 진행된 입창차를 원하든, 그것은 소비자의 선호와 판단의 몫이다. '좋다, 나쁘다'의 접근이 아닌 각각의 특징을 이해한 선택이라면, 훗날의 실수를 줄일 수 있다. 호급, 인급 보이차는 결과적으로 모두 입창차의 범주에 속한다. 왜냐하면 당시 홍콩의 기후와 창고 환경이 현재의 입창 창고의 모델이 되기 때문이다.

형태에 따른 구분과 특징

보이차는 만들어진 형태에 따라 크게 산차와 긴압차로 구분된다. 산차는 흐트러진 찻잎 그대로 완성된 차이며, 긴압차는 특정한 모양으로 압축해 완성된 차이다. 긴압차는 둥근 떡처럼 생긴 병차, 호박처럼 생긴 금과공차, 벽돌 모양인 전차, 정사각형의 방차, 버섯 모양의 긴차, 사발을 엎어 놓은 모양의 타차 등으로 구분한다. 타차는 크기에 따라서 250g 무게로 긴압한 큰 타차, 100g 무게로 긴압한 타차, 초콜릿처럼 작은 10g 미만의 소타차 등으로 구분하며, 긴차는 버섯차 또는 항고라고 부른다.

보이차의 가장 기본적인 형태는 둥글게 긴압한 병차이다. 병차는 청 때부터 1960년대 전후까지 개인 생산 공장의 이름인 복원창, 동경호, 동흥호, 송빙호, 경창호 등 호號자 급으로 부르며 유통되었다. 1950년대 초부터 생산된 보이차들은 홍인, 남인, 녹인 등의 인印 자급으로 부르며 유통되었다. 1973년 이후에 생산된 보이차들은 칠자병차로 상표가 통일되면서 7542, 7532, 8582, 7432 등의 숫자가 표기되어 숫자급으로 부르며 유통되었다.

금과공차金瓜貢茶는 사람머리 모양과 비슷하기도 해 인두공차人頭貢茶라고도 불리며 청나라 때 최초로 만들어졌다. 현재 중국농업과학원 차엽연구소中國農業科學院茶葉研究所에 소장되어 있다.

티베트에 판매하기 위해 만든 버섯 모양의 긴차緊茶는 1920~1930년 사이에 만들기 시작했으며, 현재 시중에서 유통되는 호급 보이차인 맹경긴차, 정흥긴차는 1930년대 중후반에 만들어졌다. 1941년 강장차창康藏茶廠에서 생산된 긴차는 염보패[82]로 상표 등록한 후 얼마 지나지 않아 보염패로 바꾸었다. 강장차장은 오늘날 하관차창의 전신이다. 1986년에는 티베트의 정신적인 지도자인 달라이 라마가 하관차창을 방문해 긴차를 주문한다. 달라이 라마가 주문한 차라는 의미에서 반선긴차班禪緊茶라고 부른다.

사발을 엎어 놓은 모양의 타차는 만들어진 역사가 백년이 지났다.

1902년경 하관 지역의 영창상永昌祥은 운남에서 생산된 차를 사천에 팔고, 사천에서 생산된 비단을 운남에 판매하는 유통업을 했다. 1916년 차 생산 공장을 설립해 사모思茅 지역의 경곡현景谷縣 일대에서 이전부터 생산되었던 고낭단병차姑娘團餅茶[83]를 변형해 타차를 만들기 시작했다.

전차는 긴차가 지닌 보관과 운송 과정의 단점을 보완하기 위해 벽돌 모양으로 변형시킨 것이다. 최초의 전차에 대한 기록은 건륭제乾隆帝 때다. '1793년 영국 사절단에게 내린 선물에 전차가 28개 포함되어 있었다.'는 기록에서 찾아볼 수 있다. 여러 차창에서 등급이 다른 찻잎을 섞어 전차를 만들어 티베트에 팔았으며, 현재 시중에서 볼 수 있는 전차는 1920년 이후에 만들어진 가이흥전차可以興磚茶다. 1967년에 하

▲

82) 버섯모양의 긴차의 상표.
83) 고낭(姑娘)은 아가씨를 뜻하며 중국 발음으로 꾸냥이다.

관차창에서 긴차의 원료로 본격적으로 전차를 만들기 시작했으며, 뒤이어 곤명차창에서도 73전차를 만들기 시작했다.

정사각 모양의 방차는 방전方磚이라고도 불린다. 이미 청나라 때부터 만들어져 황제가 신하에게 주는 하사용으로 쓰였다. 복록수희福祿壽喜란 글자가 새겨진 정사각형 차를 네 개씩 포장하여 사희방차四喜方茶라고도 불렀다. 현재 보이차의 모양과 압제 기술은 더욱 정교하게 발전 중이다. 보이차가 한창 뜨던 몇년전에는 대나무 속에 차를 넣어 만든 죽통 보이차, 옛날 중국 화폐 수단으로 사용되던 원보元寶 모양 보이차, 현판처럼 만든 보이차 등 다양한 모양의 보이차들이 유통되었다.

발효와 숙성

발효와 숙성은 사전적 의미로는 크게 다름이 없다. 하지만 보이차 발효의 상태를 이해하고자 구분하여 본다. 보이차에서 발효는 맛과 향의 균형을 찾는 과정, 숙성은 맛과 향의 조화를 완성하는 상태라고 볼수 있다. 보이차의 발효에서 '숙성'이라는 표현을 많이 쓰는데 두가지를 구분하면 훨씬 이해가 쉬울 것이다. 숙성은 이미 적당히 발효된 보이차의 미생물 활동을 서서히 정지시키고 수분을 천천히 날아가게 하는 거풍 과정과 동일한 의미로 이해하면 된다. 적절한 환경적 조건에서 진행된 차가 맛과 향에서 더 조화롭게 어우러질수 있도록 숙성을 거치면 우리는 잘 익었다고 표현한다. 보이차의 발효 때 찻잎의 내부 수분이 충분하지 못하면, 찻잎이 공기중의 산소에 의해 자연산화발효한다. 이러한 차는 맛과 향의 깊이가 부족하고 바디감이 얇으며 회감이 약하다. 또한 세월이 지나도 변화의 폭이 적어 발효가 완성되지 못할 확률이 높다. 생산되자마자 한국에서 보관된 대부분의 보이차가 아마 이 경우에 해당할 것이다. 잘 숙성된 보이차는 맑고 깊은 향과 맛, 회감에서의 적절한 단맛, 떫고 쓴 맛의 조화 속에서 차의 본성이 꺾이지 않고 살아 있다. 모든 사람들이 보이차를 통해 얻고자 하는 것이 실제루는 이런 맛과 향일 것이다.

골동보이차 고르는 법

차는 기호식품이다. 어떤 사람은 쓰고 떫고 강한 맛을 선호하고 또 어떤 사람은 고삽미가 적고 부드러운 차를 선호할 수 있다. 기호에 따라 선택할 일이지만, 어느 한쪽으로 치우치기보다 차의 특성을 이해하며 폭 넓게 고루 접해 보는 것이 바람직하다.

좋은 차는 일단 먼저 원료가 좋아야 한다. 원료가 좋으면 쓰고 떫은 맛이 지나치지 않고 회감이 좋으며 단침을 생성시킨다. 맛은 차를 즐기는 묘미이며 차를 선택하는 절대적인 기준이 된다. 좋은 원료는 오랜 세월이 지난 맛을 능히 짐작케 한다.

좋은 차는 눈으로 보고 손으로 만지면 안다.

찻잎 크기에 따라 성분 변화가 다르고, 색상에 따라 발효도가 다르다.

어린 찻잎으로 만든 차는 맛이 부드러운 편이며,

성엽으로 만든 차는 떫은 맛과 쓴 맛이 강하고,

노엽으로 만든 차는 쓴 맛이 강하나 침출은 많이 되지 않는다.

병면이 붉은빛을 띠면 발효시킨 모차로 긴압해 맛이 부드럽고 좋다.

검붉은 빛을 띠면 비교적 쓰고 떫은 맛이 풍부하다.

병면이 깨끗하면 차 본래의 쓴 맛, 떫은 맛, 회감 등이 풍부하게 살아 있고,

백상이 있는 차는 쓰고 떫은 맛이 약하며 부드럽다.

산차는 내포성이 약하고 병차는 내포성이 좋으며,

잘 유념된 차는 내포성이 좋고 차의 성분이 잘 침출된다.

병면이 지나치게 검거나 매변이 생긴 차는 피하는 것이 좋다.

보이차는 최소 30년은 지나야 찻잎에서 푸른빛이 사라지고 진청색을 띤다. 하지만 지나치게 습기를 먹으면 검은빛을 띤다. 보이차 병면은 묵은 세월에 맞춰 그에 걸맞은 색상이 나와야 한다.

보이차는 다양한 특징을 지니고 있어, 좋은 차를 선택한다는 것은 하나의 기준으로 가능하지 않다. 병면을 보고 차의 본질을 파악하고 맛을 유추할 수 있어야 자신의 기호에 맞는 차를 선택할 수 있다.

현재 전 세계 골동보이차 시장에서 실제 마셔본 경험이 풍부한 소비층은 한국의 상인들과 마니아들이다.

홍콩과 대만인들은 한국 마니아들만큼 골동보이차를 즐겨 마시지 않는다. 중국에서 보이차 붐이 일어나기 전인 2000년 전후, 골동보이차 즉 노차의 최대 소비 지역은 한국이었다. 한국의 마니아들은 마셔 본 경험도 풍부하고, 차를 맛있게 우리고 고아한 찻자리를 즐기는 것을 지향한다. 필자의 명가원에서도 지난 20년간 매주 일요일마다 빠짐없이 마니아들의 찻자리가 열리고 있다. 골동보이차는 한국 보이차 마니아들의 문화생활에서 큰 부분을 차지한다. 개인 다실을 꾸미고 골동 다기를 소장하다 보니 차의 소비량이 클 수밖에 없다. 홍콩이나 대만 상인들은 이러한 사실을 이미 잘 알고 있다. 오히려 한국 일반 소비자들은 보이차 생산지라는 이유로 운남이나 중국 현지에서 노차를 찾는다.

중국 차상들은 대부분 세월이 오래된 골동보이차까지 이르는 폭넓은 보이차 세계를 경험해 보지 못했다. 대다수가 2007년 이후 중국 보이차 시장이 커지면서 현업에 뛰어들었고, 2000년 전후부터 보이차 사업에 종사했더라도 당시 시장은 햇차, 즉 신차 위주였기 때문이다.

중국은 국토가 넓어 남방과 북방의 기후와 생활환경이 완전히 다르다. 광동 지역은 홍콩처럼 옛날부터 보이차의 수요가 많지만, 다른 남쪽 지역은 향긋한 우롱차를, 중원 지역은 녹차를, 차가 나지 않는 북방 지역은 화차나 철관음을 즐겨 마신다. 상쾌한 맛과 향에 익숙한 소비자를 위한 차 시장이 크고, 홍콩 자연창고의 발효된 보이차의 맛을 선호하는 시장은 비교적 작다. 중국의 보이차 시장은 보이차 신차에서 발효된 보이차를 지향하고 있으며, 홍콩, 대만, 한국은 골동보이차부터 마시기 시작해 햇차로 넘어간다.

양쪽의 접근법이 근본적으로 다르다.

중국 차 시장의 수요에 따라 중국 보이차 상인들은 병면이 깨끗한 차를 선호하며 이를 건창차라고 이름 지었다. 상인 이전에 소비자가 깨끗한 차를 선호하는 것이기 때문에 수요와 공급의 법칙에 따라 이런 차들의 가격이 상승하는 것은 어쩔 수 없다. 하지만 골동보이차에서 건창과 습창을 구분한다는 것 자체가 매우 편협한 사고이다. 골동보이차는 '세월의 산물'이라는 것이 공인된 사실인데, 그 긴 세월을 무시하고 곧장 '좋다, 나쁘다'를 판단한다는 것은 섣부른 행동이며 골동보이차에 대한 바르지 않은 자세이다. 각 차가 지닌 맛의 특징을 인정하고 소비자는 각자의 취향과 기호에 따라 선택하는 것이 바람직하다.

보이차의 저장과 목적

보이차는 목적에 따라 보관 조건이 달라져야 한다. 발효, 숙성, 거풍 등 보관 이유를 먼저 분명히 하는 것이 좋다.

첫째, 차를 발효시키려면 적당한 습도와 차 내부의 온도를 상승시키는 것이 중요하다. 습도가 지나치면 매변이 생기고, 습도는 적당하나 온도가 높지 않으면 발효가 진행되지 않는다. 통풍이 잘 되는 장소는 차가 지닌 수분이 너무 빨리 날아갈수 있어 피하는 것이 좋다. 사실 깨끗하고 건조한 실내는 차의 발효에 적합하지 않다. 이때 병면 색상이 변하는 것은 발효가 아니라 산화이다.

둘째, 차를 숙성시키려면 습도가 낮고 통풍이 적당히 되는 곳이 적합하다. 이미 발효가 진행된 차는 숙성시켜 맛의 조화를 이루도록 한다. 공기가 잘 통하는 곳에 보관한다.

셋째, 차를 거풍시키려면 적당히 통풍이 되는 곳에서 차 내부의 열과 수분을 서서히 소멸시켜야 한다. 찻잎 내부에서 활발하게 활동 중인 미생물의 활동을 정지시키는 것이다.

세월을 되돌릴 수 있는 사람은 아무도 없다. 차 역시 마찬가지다. 몇 년 동안 보관했느냐보다 중요한 것은 제대로 보관하는 것이다. 잘못 보관되어 정상적인 흐름을 벗어난 차는 다시 맛과 향을 되돌릴 수 없다.

현재는 골동보이차처럼 오랜 세월동안 저장되는 차를 만들 수 없다. 따라서 오래 보관하는 것 자체를 목표로 하기보다 짧은 세월에도 맛있게 변하도록 저장하는 지혜가 필요하다. 오랜 세월이 지난 차가 주는 진향진미珍香珍味를 얻을 수는 없더라도 가장 가까이 접근하는 최선이기 때문이다.

골동보이차를 맛있게 우리는 방법

골동보이차를 우릴 때는 신차와 다른 방법이 필요하다. 적당하게 쓰고 떫은 맛을 침출시켜야 맛이 풍부하며 회감이 좋아 풍부한 단침이 생긴다.

물은 천연 암반수가 좋으며 충분히 끓일 수 있는 화로와 탕관이 필요하다. 일 반 전기 포트의 가열 온도는 97도 미만이나, 전기 화로에 탕관을 사용하면 99 도까지 올릴 수 있다. 온도가 높을수록 침출되는 성분이 달라지며 두껍고 깊은 맛이 우려진다. 무쇠 탕관이 가장 깊은 맛을 낼 수 있다.

맺음말

：

산간무소사 월색만림천

山間無所事 月色滿林泉

차를 처음 접한 후 20여 년이 지났다. 뒤돌아보니 나는 천부적이지도 않고
부지런하지도 않은 게으른 차인이었다. 좋은 인연, 좋은 스승과 벗을 만나 큰 사랑을
등에 업고 산 아래 물가에 '상이차서원'을 열어 차학茶學을 연구하며 학생들과
동쪽 울타리 아래 국화꽃을 꺾어 들고(채동국이採東菊籬 _ 번잡한 세상사를 피해
사는 은자의 초연한 심정을 뜻함), 책 읽고 금琴을 다루고 향 놀이와 차 마시며
안락을 누린다. 나같이 게으르고 바람 따라 다니는 사람이 차를 만나 얼마나
행운인지 늘 감개한다. 온몸이 진흙탕에서 만신창이 되어서도,
지쳐서 녹초가 되어도 청량한 차 한 잔이면 나의 세계는 다시 평안을 이룬다.
처음 만났던 그대로, 언제나 그 자리에서 그렇게 맑고 청담淸談한 대로 기다린다.
나의 지기며 운명이며 또 인생의 스승이기도 절친이기도 하다.

을해乙亥 년 가을, 이루一如 선배의 추천으로『골동보이차』 중국 출판 기획을 맡게 되었다. 골동보이차는 중국내 수많은 차인들의 로망이며 차인들의 최종 목표가 아닌가. 10년간 노차老茶와의 만남을 찾아 중국 각 지역과 대만으로 돌아다녔지만, 체계적인 교육을 받을 곳도 없거니와 정보 부족이나 진품에 대한 아쉬운 만남으로 실망하기 일쑤였다. 이 책의 중국 출판을 진행하면서 한국 골동보이차 전문가인 김경우 선생을 만나 저자의 소장품을 보고 만지고 마시는 기회가 있었다. 차를 배우는 사람으로서는 절호의 행운이었다. 2020년 1월, 서울에서 홍콩의 차문화학자 엽영지葉榮枝 선생 초청 '보이차의 금생今生과 전생前生'이라는 세미나를 들을 기회가 있었다. 또한 동경호 품감회에 직접 참여해 여러 골동보이차 선배들을 만나는 호사를 누렸다.

서울 안국동의 한옥에 자리 잡은 명가원은 하얀 벽지에 천장은 굵은 나무 서까래가 그대로 보인다. 지붕에는 고양이가 침향沈香과 노차의 기운을 많이 받아서인지 왕족인양 당당하게 또 유유히 거닐고 있었다. 아침마다 다실에 모여 원고를 정리하며 노차를 품감했다. 90년대부터 80년대 8582며, 70년대 철병부터 광운공병, 어느 날은 또 남인철병을 마시면서 취하기도 하고 50년대 홍인, 40년대 용마동경호 등 중국에서는 도저히 만날 수 없는 차들을 마시며 책이 아닌 실전으로 골동보이차 공부를 하게 되었다.

한국에서 만난 개화사의 스님은 한국 골동보이차계의 산 증인이었다.
30여 년 전부터 매주 법회가 끝나면 노차회를 연다고 하셨다. 법당에는 침향
향기가 감돌았고, 벽에는 장대천의 그림 등 고화古畵, 고서古書들이 품위 있게 걸려
있었다. 동경호를 마시는 동안 흘러나오는 음악은 차의 기운과 함께 몸속으로 실오라
기처럼 스며들었다. 숙우회의 찻자리는 도심 속의 힐링이었다. 의식부터 기물, 다식,
공간의 조명, 음악 등 현대의 한국 차 문화를 그대로 담아내고 있었다. 어느 날 저녁에
방문한 홍 선생의 다실은 흡사 작은 차 박물관이었다. 다실 귀퉁이에 진열해 둔
유백색의 달항아리는 검정색 신사모를 비스듬히 쓰고 있었다. 70년대부터
50년대까지 세월을 거스르며 차를 논하고 흥에 겨운 창을 뽑아냈다.
30여 년 전 산중의 어느 어린 아이가 매일 새벽 물을 뜨러 다녔다고 한다.

새벽달 머금은 샘터에 천년을 살아온 초승달 잔으로
차 한 잎 정갈히 띄워 그 향기 듣는다.
푸른 대숲을 따라 흐르던 천년 세월은
오늘 이 자리에 무언으로 드러난다.

대나무 숲을 지나 물을 떠 차를 달이던 그 날 그 새벽의 달빛도 봉인이 되어 오늘날 노차의 차탕에 고스란히 담겨 있다.

중국과 한국의 문화는 동종동원同種同源이다. 운남에서 태어난 골동보이차는 산을 넘고 바다를 건너 세월의 수많은 풍파를 겪고 오랫동안 차인들의 깊은 사랑을 받고 있다. 역사의 원인으로 골동보이차는 홍콩, 대만, 한국에서 널리 발전하였지만 이제야 모든 차인들에게 귀환하게 되었다. 천지天地와 일월日月을 지닌 이 인연을 만나는 행운을 지닌 차인들은 세속의 모든 것을 초월하여 마음에 거슬림이 없이 더욱 소중하게 지켜가기 바란다.

마지막으로 김경우 선생의 '골동보이차'출간을 축하드리며, 차의 길에 더 많은 지기와 좋은 벗들이 함께 하기 바라는 마음으로 나의 졸렬한 글을 고문전敲門磚으로 포전인옥抛磚引玉한다.

경자년 우초당于草堂
상이相宜

*이 책은 중국 여러 차인들의 추천과 절강미술출판사의 깊은 관심으로 중국과 한국에서 동시 출간하게 되었다. 중국판의 기획을 담당했던 상이 선생의 후기를 실어 이 책을 마무리한다.

●

초판 1쇄 2020년 6월 01일

재판 2쇄 2021년 11월 01일

지은이 김경우

인쇄 지성기획

발행처 차와문화

편집. 디자인 차와문화

교정 정숙영

●

등록번호 종로 마 00057

등록일자 2006. 09. 14

차와문화 서울 종로구 계동길 103 - 4

편집부 070 - 7761- 7208

이메일 teac21@naver.com

사진 제공 _ 홍콩사굉경매(p54외 13장)

사진 _박홍관 p37

ISBN 979-11-86427-06-4 **가격** 37,000원